# 95 Essens- und Shakerezepte für Gewichtheber um Muskelwachstum zu steigern

von

Joseph Correa

*Zertifizierter Sport-Ernährungsberater*

# COPYRIGHT

© 2016 Finibi Inc

Alle Rechte vorbehalten

Die Vervielfältigung und Übersetzung von Teilen dieses Werkes, mit Ausnahme zum in Paragraph 107 oder 108 des United States Copyright Gesetzes von 1976 dargelegten Zwecke, ist ohne die Erlaubnis des Copyright-Inhabers gesetzeswidrig.

Diese Veröffentlichung dient dazu fehlerfreie und zuverlässige Informationen zu dem auf dem Cover abgedruckten Thema zu liefern. Es wird mit der Einstellung verkauft, dass weder der Autor noch der Herausgeber befähigt sind, medizinische Ratschläge zu erteilen. Wenn medizinischer Rat oder Beistand notwendig sind, konsultieren Sie einen Arzt. Dieses Buch ist als Ratgeber konzipiert und sollte in keinster Weise zum Nachteil Ihrer Gesundheit gereichen. Konsultieren Sie einen Arzt, bevor Sie mit diesem Ernährungsplan beginnen, um zu gewährleisten, dass er das Richtige für Sie ist.

## DANKSAGUNG

Die Fertigstellung und den Erfolg dieses Buches wäre nicht möglich gewesen ohne meine Familie.

# 95 Essens- und Shakerezepte für Gewichtheber um Muskelwachstum zu steigern

von

Joseph Correa

*Zertifizierter Sport-Ernährungsberater*

# INHALT

Copyright

Danksagung

Über den Autor

Einleitung

Muskelaufbau-Kalender

Essensrezepte für Gewichtheber

Shakerezepte für Gewichtheber

Andere großartige Werke des Autors

## ÜBER DEN AUTOR

Als zertifizierter Sport-Ernährungsberater, glaube ich wirklich an den positiven Effekt, den die richtige Ernährung über den Körper und die Seele haben kann. Mein Wissen und meine Erfahrung haben mir geholfen, über die Jahre hinweg gesünder zu leben. Dieses Wissen habe ich zudem mit meiner Familie und Freunden geteilt. Je mehr du über gesunden Essen und Trinken weißt, desto schneller wirst du dein Leben und deine Essgewohnheiten ändern wollen.

Erfolgreich darin zu sein, dein Gewicht zu kontrollieren, ist wichtig, weil es alle Aspekte deines Lebens verbessert.

Ernährung ist der Schlüssel im Prozess fitter zu werden. Und darum geht es in diesem Buch.

# EINLEITUNG

95 Essens- und Shakerezepte für Gewichtheber um dein Muskelwachstum zu steigern werden dir helfen, die Summe an Proteinen, die du täglich konsumierst, darauf zu verwenden, deine Muskelmasse zu steigern. Diese Mahlzeiten und Shakes zusammen mit dem Kalender werden deine Muskeln in einer beschleunigten und geordneten Weise auf-bauen, so dass du planen kannst, was du isst und wann du es tust.

Zu beschäftigt zu sein, um richtig zu essen, kann manchmal ein Problem werden. Darum wird das Buch dir Zeit sparen und deinen Körper richtig ernähren, damit du die Ziele erreichst, die du erreichen willst. Stell sicher, dass du weißt, was du isst, indem du es selbst zubereitest oder jemand dir es zubereitet.

Dieses Buch wird dir helfen:

- Muskeln schnell aufzubauen.

- mehr Energie währen des Trainings zu haben.

- deinen Stoffwechsel in natürlicher Weise zu beschleunigen, um mehr Muskeln aufzubauen.

- dein Verdauungssystem zu verbessern.

Joseph Correa ist ein zertifizierter Sport-Ernährungsberater und professioneller Sportler.

# MUSKELAUFBAU-KALENDER

**Woche 1**

Tag 1:

*Frühaufsteher-Frühstück*

*Snack: Heidelbeer-Joghurt*

*Thunfisch-Burger und Salat*

*Snack: Kirschtomaten mit Ziegenkäse*

*Proteinschüssel nach mexikanischer Art*

Tag 2:

*Heidelbeer-Zitronen-Pfannkuchen*

*Snack: Avocado auf Toast*

*Scharfer Rindersteak-Kebab*

*Snack: Apfel und Erdnussbutter*

*Mediterraner Fisch*

Tag 3:

*Schüssel voller Kraft*

Snack: Joghurt mit Tropischen Früchten

Gefüllte Hühnerbrust mit braunem Reis

Snack: Paprika mit Ziegenkäse

Veganer freundliches Abendessen

Tag 4:

Mandelmilch-Smoothie

Snack: Tasse Popcorn

Pollack umhüllt mit Pancetta und Kartoffeln

Snack: Joghurt mit getrockneten Goji Beeren

Hummer in Knoblauch

Tag 5

Griechischer Joghurt mit Leinsamen und Apfel

Snack: Reiswaffel mit Erdnussbutter

Gebackter Lachs mit gegrilltem Spargel

Snack: Selleriestangen mit Ziegenkäsen und grünen Oliven

Hühnchen mit Avocado-Salat

Tag 6:

Frühstücks-Pizza'

*Snack: Griechischer Joghurt mit Erdbeeren*

*Chicken Caesar Wraps*

*Snack: Geröstete Kichererbsen*

*Scharfer Kabeljau*

Tag 7:

*Paprikaringe 'Frittierter Maisgrütze'*

*Snack: Nüsse-Mix*

*Rindfleisch und Broccoli-Nudeln*

*Snack: Schinken und Selleriestangen*

*Rucola-Hähnchen-Salat*


**Woche 2**

Tag 1:

*Molkenprotein-Muffins*

*Snack: Avocado auf Toast*

*Krabben und Zucchini-Linguine-Nudelsalat*

*Snack: Apfel und Erdnussbutter*

*Tofu-Burger*

Tag 2:

Mexikanisches Mokka-Frühstück

Snack: Joghurt mit getrockneten Goji Beeren

Forelle mit Kartoffelsalat

Snack: Tasse Popcorn

Hühnchen mit Ananas und Paprika

Tag 3:

Geräucherter Lachs und Avocado mit Toast

Snack: Kirschtomaten mit Ziegenkäse

Scharfes Huhn

Snack: Heidelbeer-Joghurt

Gegrillte Pilze und Zucchini-Burger

Tag 4:

Früchte-Erdnussbutter-Smoothie

Snack: Geröstete Kichererbsen

Mexikanisches Bohnenchili

Snack: Griechischer Joghurt mit Erdbeeren

Hühnchen süß-sauer

Tag 5:

Protein gepacktes Gerangel

Snack: Paprika mit Ziegenkäse

Puten-Hackbällchen mit Vollkorn-Couscous

Snack: Joghurt mit Tropischen Früchten

Heilbutt in Dijon-Senf

Tag 6:

Kürbiskuchen-Protein-Pfannkuchen

Snack: Schinken und Selleriestangen

Mediterraner Reis

Snack: Nüsse-Mix

Thunfisch-Sandwich

Tag 7:

Mit Thunfisch gefüllte Paprika

Snack: Selleriestangen mit Ziegenkäse und grüne Oliven

Pasta mit Hackfleisch-Bällchen und Spinat

Snack: Reiswaffel mit Erdnussbutter

Sushi-Platte

## Woche 3

Tag 1:

*Proteinreiche Haferflocken*

*Snack: Tasse Popcorn*

*Gefüllte Eier mit Pita-Brot*

*Snack: Apfel und Erdnussbutter*

*Hühnchen-Blechkuchen*

Tag 2:

*Frühaufsteher-Frühstück*

*Snack: Avocado auf Toast*

*Rindfleisch und Broccoli-Nudeln*

*Snack: Joghurt mit getrockneten Goji Beeren*

*Hummer in Knoblauch*

Tag 3:

*Schüssel voller Kraft*

*Snack: Griechischer Joghurt mit Erdbeeren*

*Chicken Caesar Wraps*

*Snack: Kirschtomaten mit Ziegenkäse*

Mediterraner Fisch

Tag 4:

Heidelbeer-Zitrone-Pfannkuchen

Snack: Geröstete Kichererbsen

Gebackter Lachs mit gegrilltem Spargel

Snack: Heidelbeer-Joghurt

Rucola-Hühnchen-Salat

Tag 5:

Griechischer Joghurt mit Leinsamen und Apfel

Snack: Schinken und Selleriestangen

Thunfisch-Burger und Salat

Snack: Joghurt mit Tropischen Früchten

Hühnchen mit Avocado-Salat

Tag 6:

Paprikaringe mit 'Frittierter Maisgrütze'

Snack: Paprika mit Ziegenkäse

Gefüllte Hühnerbrust mit braunem Reis

Snack: Nüsse-Mix

*Scharfer Kabeljau*

*Tag 7:*

*Mandelmilch-Smoothie*

*Snack: Reiswaffel mit Erdnussbutter*

*Scharfer Rindersteak-Kebab*

*Snack: Selleriestangen mit Ziegenkäse und grünen Oliven*

*Proteinschüssel nach mexikanischer Art*

**Woche 4**

*Tag 1:*

*Frühstücks-'Pizza'*

*Snack: Griechischer Joghurt mit Erdbeeren*

*Pollack umhüllt mit Pancetta und Kartoffeln*

*Snack: Tasse Popcorn*

*Veganer freundliches Abendessen*

*Tag 2:*

*Mexikanisches Mokka-Frühstück*

*Snack: Kirschtomaten mit Ziegenkäse*

Mediterraner Reis

Snack: Apfel und Erdnussbutter

Gegrillte Pilze und Zucchini-Burger

Tag 3:

Früchte-Erdnussbutter-Smoothie

Snack: Avocado auf Toast

Krabben und Zucchini-Linguine-Nudelsalat

Snack: Heidelbeer-Joghurt

Hühnchen süß-sauer

Tag 4:

Kürbiskuchen-Protein-Pfannkuchen

Snack: Joghurt mit getrockneten Goji Beeren

Scharfes Huhn

Snack: Geröstete Kichererbsen

Heilbutt in Dijon-Senf

Tag 5:

Geräucherter Lachs und Avocado mit Toast

Snack: Schinken und Selleriestangen

Pasta mit Hackfleisch-Bällchen und Spinat

Snack: Nüsse-Mix

Tofu-Burger

Tag 6:

Proteinreiche Haferflocken

Snack: Paprika mit Ziegenkäse

Mexikanisches Bohnenchili

Snack: Joghurt mit Tropischen Früchten

Sushi-Platte

Tag 7:

Protein gepacktes Gerangel

Snack: Reiswaffel mit Erdnussbutter

Kabeljau mit Kartoffelsalat

Snack: Griechischer Joghurt mit Erdbeeren

Hühnchen-Blechkuchen

## 2 zusätzliche Tage für einen vollen Monat:

Tag 1:

*Molkenprotein-Muffins*

*Snack: Selleriestangen mit Ziegenkäse und grünen Oliven*

*Puten-Hackbällchen mit Vollkorn-Couscous*

*Snack: Apfel und Erdnussbutter*

*Thunfisch-Sandwich*

Tag 2:

*Mit Thunfisch gefüllte Paprika*

*Snack: Heidelbeer-Joghurt*

*Gefüllte Eier mit Pita-Brot*

*Snack: Nüsse-Mix*

*Hühnchen mit Ananas und Paprika*

# ESSENSREZEPTE FÜR GEWICHTHEBER

## FRÜHSTÜCK

### 1. Frühaufsteher-Frühstück

Reiß deinen Körper aus einem katabolischen Zustand heraus und bring ihn in einen Muskel aufbauenden Zustand mit diesem proteinreichen, kohlehydrathaltigen, ofengebackenen Frühstück. Grapefruit und Spargel stellen sicher, dass du mehr als die Hälfte deiner täglichen Vitamin C Dosis zu dir nimmst.

Zutaten (1 Portion):

6 Eiweiße

½ Tasse gekochte Hirse und brauner Reis Mischung

3 Spargelspitzen, geschnitten

½ pinke Grapefruit

1 kleine rote Paprika, in Streifen geschnitten

1 Prise geschmacksloses Molkenproteinpulver

1 Knoblauchzehe, gehackt

Olivenöl-Spray

Pfeffer, Salz

Zubereitungszeit: 10 min

Kochzeit: 15-20 min

Zubereitung:

Heiz den Ofen auf 200°C Umluft /Gas 6 vor. Besprüh eine gusseiserne Backform mit etwas Olivenöl.

Verquirle in einer mittelgroßen Schüssel die Eier mit etwas Salz und Pfeffer, bis sie schaumig sind.

Gib die gekochte Hirse-brauner Zucker-Mischung in die Backform. Füge zuerst das Eiweißpulver und anschließend die Spargel- und Paprika-Stücke den Eiern hinzu.

Backe das Ganze im Ofen für 15 bis 20 Minuten oder bis die Eier gekocht sind.

Nährwert pro Portion: 407kcal, 52g Proteine, 40g Kohlenhydrate (5g Ballaststoffe, 8g Zucker), 2g Fette, 15% Calcium, 12% Eisen, 19% Magnesium, 26% Vitamin A, 63%

Vitamin C, 48% Vitamin K, 12% Vitamin B1, 69% Vitamin B2, 26% Vitamin B9.

## 2. Schüssel voller Kraft

Ein Frühstück mit einem angepassten Namen, die Schüssel voller Kraft kombiniert proteinreiche Eier mit energiegeladenen Haferflocken. Die Walnüsse fügen dem Ganzen gesunde Fette und die Honigspritzer ein Hauch von Süße hinzu.

Zutaten (1 Portion):

6 Eiweiße

½ Tasse instant-Haferflocken, gekocht

1/8 Tasse Walnüsse

¼ Tasse Beeren

1 Teelöffel Naturhonig

Zimt

Zubereitungszeit: 10 min

Kochzeit: 5 min

Zubereitung:

Verquirle die Eiweiße, bis sie schaumig sind und koche sie in einer Bratpfanne bei mittlerer Hitze.

Vereine die Haferflocken und die Eiweiße in einer Schüssel. Füge Zimt und Naturhonig hinzu und vermische alles.

Garnier das Ganze mit Beeren, Bananen und Walnüssen.

Nährwert pro Portion: 344kcal, 30g Proteine, 33g Kohlenhydrate (3g Ballaststoffe, 23g Zucker), 11g Fette (2 gesättigte), 10% Eisen, 15% Magnesium, 10% Vitamin B1, 11% Vitamin B2, 15% Vitamin B5.

## 3. Mit Thunfisch gefüllte Paprika

Das ist ein schnelles und nahrhaftes Rezept, das eine enorme Summe an B12 liefert. Da Thunfisch voller Proteine ist, ist es eine exzellente Option für ein Frühstück, das Muskeln aufbaut. Wenn du willst, füge einige Kohlehydrate zu deiner Mahlzeit hinzu, ein Stück Vollkorn-Toast ist eine gute Wahl.

Zutaten (2 Portionen):

2 Dosen Thunfisch in Wasser (185g), halb getrocknet

3 hartgekochte Eier

1 Frühlingszwiebel, fein gehackt

5 kleine Essiggurken, gewürfelt

Salz, Pfeffer

4 Paprika, halbiert, von Kernen befreit

Vorbereitungszeit: 5 min

Kochzeit: 10 min

Zubereitung:

Gib den Thunfisch, die Eier, die Frühlingszwiebeln, die Essiggurken und die Gewürze in einen Mixer und vermische sie, bis sie flüssig sind.

Füll die Paprikahälften mit der Mischung und serviere sie.

Nährwert pro Portion: 480kcal, 46g Proteine, 16g Fette (4g gesättigt), 8g Kohlehydrate (2g Ballaststoffe, 4g

Zucker), 28% Magnesium, 94% Vitamin A, 400% Vitamin C, 12% Vitamin E, 67% Vitamin K, 18% Vitamin B1, 32% Vitamin B2, 90% Vitamin B3, 20% Vitamin B5, 56% Vitamin B6, 18% Vitamin B9, 284% Vitamin B12.

## 4. Griechischer Joghurt mit Leinsamen und Apfel

Mach Schluss mit dem traditionellen Eiweiß-Muskelbildner-Frühstück und versuche eine proteinreichen griechischen Joghurt, der mit Äpfel verfeinert wurde. Verwende ganze Leinsamen um deinen Ballaststoff-Einnahme zu maximieren und lege sie über Nacht in Wasser ein. Dadurch werden sie weich und leicht verdaulich.

Zutaten (1 Portion):

1 Tasse griechischer Joghurt

1 Apfel, dünn geschnitten

2 Esslöffel Leinsamen

¼ Teelöffel Zimt

1 Teelöffel Honigkraut

Eine Prise Salz

Zubereitungszeit: 5 min

Kochzeit: 45 min

Zubereitung:

Heize den Ofen auf 190°C Umluft/Gas 5 vor. Gib den geschnittenen Apfel in eine teflonbeschichtete Pfanne, streu Zimt, Honigkraut und eine Prise Salz darüber. Leg den Deckel auf die Pfanne und backe das Ganze für 45 Minuten bzw. bis er weich ist. Nimm sie aus dem Ofen und lass sie 30 Minuten auskühlen.

Gib den griechischen Joghurt in eine Schüssel und füge die Äpfel und Leinsamen dazu. Serviere das Gericht anschließend.

Nährwert pro Portion: 422kcal, 22g Proteine, 39g Kohlehydrate (7g Ballaststoffe, 22 g Zucker), 21g Fette (8 g gesättigt), 14% Calcium, 22% Magnesium, 14% Vitamin C, 24% Vitamin B1, 13% Vitamin B12.

## 5. Paprikaringe mit 'frittierter Maisgrütze'

Ein leckeres und besonders aussehendes Gericht, die Paprika-Ringe mit 'fitter Maisgrütze' heizt deine Muskeln an und stärkt sie über den Tag hinweg. Voller Farbe und Nährstoffe ist dieses Frühstück reich an Vitamin B1.

Zutaten (1 Portion):

6 Eiweiße

2 Eier

¼ Tasse brauner Farina-Reis

1 Tasse frischer Spinat

½ grüne Paprika

1 Tasse Kirschtomaten

Olivenöl-Spray

Salz, Pfeffer

Zubereitungszeit: 10 min

Kochzeit: 15 min

## Zubereitung:

Verquirle das Eiweiß mit einer Prise Salz und Pfeffer, bis es schaumig ist. Erhitze Öl in einer teflonbeschichteten Pfanne und koche die Eiweiße sowie den Farina-Reis. Gib Spinat dazu, vermisch alles und koche es, bis der Spinat gewellt ist.

Sprühe etwas Olivenöl in eine Bratpfanne und erhitz es auf mittlerer Stufe. Schneide die Paprika horizontal in 2 Ringe, gib sie in die Bratpfanne und zerbrich die Eier in den Paprika. Lass sie kochen, bis die Eier weiß werden.

Stell die Eier-Farina-Mischung und die gekochten Paprikaringe auf eine Platte und servier das Ganze mit Kirschtomaten.

Nährwert pro Portion: 495kcal, 45g Proteine, 45g Kohlehydrate (3g Ballaststoffe, 7g Zucker), 11g Fette (3g gesättigt), 9% Calcium, 14% Eisen, 20% Magnesium, 35% Vitamin A, 32% Vitamin C, 91% Vitamin B2, 22% Vitamin B5, 12% Vitamin B6, 15% Vitamin B12.

## 6. Mandelmilch-Smoothie

10 Minuten sind alles, was du brauchst um diesen Vitamin D und B1 reichen Mandelmilch-Smoothie zuzubereiten. Du kannst eine große Kanne davon zubereiten und den Rest im Gefrierschrank aufbewahren. Damit machst du diesen Smoothie zu einer perfekten Wahl für ein schnelles Frühstück to go.

Zutaten (2 Zutaten):

1 Tasse Mandelmilch

1 Tasse gefrorener Beeren

1 Tasse Spinat

1 Portion Proteinpulver mit Bananengeschmack

1 Esslöffel Chia-Salbei

Zubereitungszeit: 10 min

Keine Kochzeit

Zubereitung:

Gib alle Zutaten in einen Mixer, bis sie flüssig sind. Schütte zwei Gläser aus und serviere den Smoothie.

Nährwert pro Portion: 295kcal, 26g Proteine, 32g Kohlehydrate (4g Ballaststoffe, 13g Zucker), 9g Fette, 40% Calcium, 20% Eisen, 12% Magnesium, 50% Vitamin A, 40% Vitamin C, 25% Vitamin D, 57% Vitamin E, 213% Vitamin B1, 18% Vitamin B9.

## 7. Kürbiskuchen-Protein-Pfannkuchen

Vergiss Fluor und versuche Hafer-Pfannkuchen mit einer geschmackvollen Note von frischem Kürbis. Top das Ganze mit einer kalorienarmen Sirup und genieße ein proteinreiches Frühstück, das genauso gut schmeckt wie ein weizenhaltiges.

Zutaten (1 Portion):

1/3 Tasse Hafer

¼ Tasse Kürbis

½ Tasse Eiweiß

1 Prise Zimt-Proteinpulver

½ Teelöffel Zimt

Olivenöl-Spray

Zubereitungszeit: 5 min

Kochzeit: 5 min

Zubereitung:

Gib alle Zutaten zusammen in eine Schüssel. Besprüh eine mittelgroße Bratpfanne mit Olivenöl. Stelle sie anschließend bei mittlerer Hitze auf den Herd.

Gib den Teig in die Pfanne, und wende ihn, sobald sich dünne Blasen auf dem Pfannkuchen bilden. Wenn jede Seite goldbraun ist, nimm den Pfannkuchen heraus und serviere ihn.

Nährwert pro Portion: 335kcal, 39g Proteine, 37g Kohlehydrate (6g Ballaststoffe, 1 g Zucker), 6g Fette, 14% Calcium, 15% Eisen, 26% Magnesium, 60% Vitamin A, 26% Vitamin B1, 37% Vitamin B2, 10% Vitamin B5, 31% Vitamin B6.

## 8. Proteinreiche Haferflocken

Eine herzhafte Mahlzeit mit vielen Kohlehydrate, die dich für Stunden gesättigt sein lassen, während Proteinpulver und Mandeln für einen proteinreichen Start in den Tag sorgen. Wenn du deine Haferflocken mit einen fruchtigen Geschmack bevorzugst, verwende Proteinpulver mit Bananengeschmack.

Zutaten (1 Portion):

2 Pakete instant-Haferflocken (28g je Paket)

¼ Tasse gemahlener Mandeln

1 Prise Molkenproteinpulver mit Vanillegeschmack

1 Esslöffel Zimt

Zubereitungszeit: 5 min

Kochzeit: 5 min

Zubereitung:

Gib die Instant-Haferflocken in eine Schüssel, vermische sie mit Proteinpulver und Zimt. Füge heißes Wasser hinzu und rühre alles um. Kröne das Ganze mit gemahlenen Mandeln und serviere es.

Nährwert pro Portion: 436kcal, 33g Proteine, 45g Kohlehydrate (10g Ballaststoffe, 4g Zucker), 15g Fette (1g gesättigt), 17% Calcium, 19% Eisen, 37% Magnesium, 44% Vitamin E, 21% Vitamin B1, 21% Vitamin B2.

## 9. Protein gepacktes Gerangel

Füttere deine Muskeln und vollziehe ein intensives Workout mit dieser 51g Proteinmahlzeit. Diese Rühreier mit Gemüse und Truthahn-Sauce haben den erheblichen Vorteil, dass sie vollgeladen sind mit Kohlehydraten und zudem noch einer hohen Anzahl an Vitaminen.

Zutaten (1 Portion):

8 Eiweiße

2 Würfel Truthahn-Sauce, zerkleinert

1 große Zwiebel, gewürfelt

1 Tasse roter Paprika, gewürfelt

2 Tomaten, gewürfelt

2 Tasse frischer Spinat, gehackt

1 Teelöffel Olivenöl

Salz und Pfeffer

Zubereitungszeit: 10 min

Kochzeit: 10-15 min

## Zubereitung:

Verquirle die Eiweiße mit einer Prise Salz und Pfeffer, bis sie schaumig sind. Stell sie dann zur Seite.

Erhitze das Öl in einer teflonbeschichteten Pfanne, verteile die Zwiebeln und Pfeffer darauf und brate alles kurz im Fett an, bis sie weich sind. Würze alles mit Salz und Pfeffer. Füge die Truthahn-Sauce hinzu und koche alles, bis es goldbraun ist. Senke dann die Hitze und füge die Eiweiße hinzu. Rühre alles um.

Wenn die Eier fast fertig sind, gib die Tomate und den Spinat dazu. Koche alles 2 Minuten und serviere es.

Nährwert pro Portion: 475kcal, 51g Proteine, 37g Kohlehydrate (10g Ballaststoffe, 18g Zucker), 10g Fette (2g gesättigt), 14% Calcium, 23% Eisen, 37% Magnesium, 255% Vitamin A, 516% Vitamin C, 25% Vitamin E, 397% Vitamin K, 22% Vitamin B1, 112% Vitamin B2, 29% Vitamin B3, 19% Vitamin B5, 51% Vitamin B6, 65% Vitamin B9.

## 10. Früchte-Erdnussbutter-Smoothie

Welche bessere Art gibt es um deine täglichen Calcium-Bedarf zu decken als mit diesem Smoothie in Erdbeer-Geschmack? Reich an Mineralien, Vitaminen, Proteinen und Energie entfachenden Kohlehydraten ist dieser Smoothie die perfekte Art und Wiese für einen schnellen Start in den Tag.

Zutaten (1 Portion):

15 mittelgroße Erdbeeren

1 1/3 Esslöffel Erdnussbutter

85g Tofu

½ Tasse fettfreier Joghurt

¾ Tasse fettreduzierte Milche

1 Portion Proteinpulver

8 Eiswürfel


Zubereitungszeit: 5min

Keine Kochzeit

Zubereitung:

Gieße die Milch in einen Mixer, anschließend den Joghurt und die restlichen Zutaten. Verrühr alles, bis die Mischung komplett vermengt und schaumig ist. Füll es in ein Glas und serviere es.

Nährwert pro Portion: 472kcal, 45g Proteine, 40g Kohlehydrate (6g Ballaststoffe, 31g Zucker), 13g Fette (4g gesättigt), 110% Calcium, 35% Eisen, 27% Magnesium, 30% Vitamin A, 190% Vitamin C, 11% Vitamin E, 13% Vitamin B1, 24% Vitamin B2, 10% Vitamin B5, 18% Vitamin B6, 17% Vitamin B9, 12% Vitamin B12.

## 11. Molkenprotein-Muffins

Mit einer gesunden Dosis an Hafer und einem schokoladigen Geschmack von Molkenprotein-pulver sind diese Muffins eine wahre Frühstücks-Alternative zum gewöhnlichen Hafer. Gepaart mit einem Glas Milch stellt diese Mahlzeit sicher, dass du eine große Menge an Calcium und Vitamin D zu dir nimmst – nicht zu vergessen die netten Proteine und Kohlehydrate.

Zutaten (4 Muffins-2 Portionen):

1 Tasse kernige Haferflocken

1 großes, ganzes Ei

5 große Eiweiße

½ Portion Molkenproteinpulver in Schokoladen-geschmack

Olivenöl-Spray

2 Tassen fettreduzierte Milch, zum Servieren


Zubereitungszeit: 2 min

Kochzeit: 15 min

Zubereitung:

Heiz den Ofen auf 190 °C Umluft/ Gas 5 vor.

Mixe alle Zutaten zusammen für 30 Sekunden. Besprüh die Muffin-Form leicht mit Olivenöl und befülle vier Förmchen. Stell die Form für 15 Minuten in den Backofen.

Nimm die Muffins aus dem Ofen, lass sie auskühlen und serviere sie mit einem Glas Milch.

Nährwert pro Portion (inklusive Milch): 330kcal, 28g Proteine, 37g Kohlehydrate (9g Ballaststoffe, 13g Zucker), 6g Fette (5g gesättigt, 37% Calcium, 22% Eisen, 19% Magnesium, 12% Vitamin A, 34% Vitamin D, 44% Vitamin B1, 66% Vitamin B2, 25% Vitamin B5, 11% Vitamin B6, 24% Vitamin B12.

## 12. Geräucherter Lachs und Avocado mit Toast

Bist du gerade auf dem Weg zu einem anstrengenden Workout und hast keine Zeit? Es dauert nur 5 Minuten, dieses schmackhafte Frühstück zusammen zu stellen. Sowohl Lachs als auch Avocado sind reich an gesunden Säuren. Diese Mahlzeit hat genug Proteine und Kohlehydrate, damit du motiviert bleibst.

Zutaten (2 Portionen):

300g geräucherter Lachs

2 mittelgroße, reife Avocados, entkernt und geschält

Saft von einer ½ Zitrone

Eine Hand voll Estragon-Blätter, gehackt

2 Scheiben Vollkornbrot, getoastet

Zubereitungszeit: 5 min

Keine Kochzeit

Zubereitung:

Schneide die Avocados in Stücke und press den Zitronensaft aus. Rolle und falte die Scheiben geräucherter Lachs, lege sie auf Servierplatten, bestreue sie mit Avocado und Estragon. Serviere das Ganze mit einer Scheibe Vollkorntoast.

Nährwert pro Portion: 550kcal, 34g Proteine, 37g Kohlehydrate (12g Ballaststoffe, 4g Zucker), 30g Fette (5g gesättigt), 17% Eisen, 24% Magnesium, 25% Vitamin C, 27% Vitamin E, 42% Vitamin K, 16% Vitamin B1, 24% Vitamin B2, 55% Vitamin B3, 35% Vitamin B5, 40% Vitamin B6, 35% Vitamin B9, 81% Vitamin B12.

## 13. Frühstücks-'Pizza'

Vergiss die kalorienreiche, nicht nahrhaften Pizza-stücke und ersetze sie mit dieser leckeren Alternative. Gesund und sättigend benötigt man nur 20 Minuten um diese Mahlzeit zuzubereiten. Dabei ist sie nicht nur reich an Proteinen, sondern auch an Mineralien und Vitaminen.

Zutaten (1 Portion):

1 kleines Vollkorn-Fladenbrot

3 Eiweiße

1 Ei

¼ Tasse fettreduzierter Mozzarella

1 Frühlingszwiebel, gewürfelt

¼ Tasse Pilze, gewürfelt

¼ Tass Paprika, gewürfelt

2 Scheiben Puten-Schinken, geschnitten

1 Teelöffel Olivenöl

Salz und Pfeffer

Zubereitungszeit: 10 min

Kochzeit: 10 min

Zubereitung:

Verquirle die Eier mit einer Prise Salz und Pfeffer und füge das gewürfelte Gemüse hinzu.

Falte die Enden des Fladenbrotes um eine Schüssel zu erhalten. Bestreihe beide Ränder mit Olivenöl und schiebe das Fladenbrot mit der Kuppel nach unten in den Backofen. Backe es, bis es goldbraun ist, dann drehe es auf die andere Seite.

Gieße den Eier-Mix in das Fladenbrot und koche die Eier, bis sie gar sind. Füge Puten-Schinken, Frühlingszwiebel und Käse hinzu. Koche alles, bis der Käse zerschmolzen ist und serviere alles.

Nährwert pro Portion: 350kcal, 33g Proteine, 12g Kohlehydrate (3g Ballaststoffe, 4g Zucker), 15g Fette (6 gesättigt, 32% Calcium, 19% Eisen, 15% Magnesium, 36% Vitamin A, 88% Vitamin C, 72% Vitamin K, 21% Vitamin B1, 71% Vitamin B2, 22% Vitamin B3, 14% Vitamin B5, 21% Vitamin B6, 25% Vitamin B9, 29% Vitamin B12.

## 14. Mexikanisches Mokka-Frühstück

Garnier deine Lieblingstasse Haferflocken mit einer gesunden Zugabe von Mandelmilch und genieß ein schnell zubereitetes und Ballaststoff reiches Frühstück. Der Cayenne-Pfeffer ist perfekt, um deinen Haferflocken ein kleines Ahhhhh zuzufügen.

Zutaten (1 Portion):

½ Tasse kernige Haferflocken

1 Portion Schokolade-Proteinpulver

½ Esslöffel Zimt

½ Teelöffel Cayenne-Pfeffer

1 Tasse ungesüßte Mandelmilch

1 Esslöffel ungesüßtes Kakaopulver

Zubereitungszeit: 5 min

Kochzeit: 3 min

Zubereitung:

Mische alle Zutaten in einer Mikrowellen geeigneten Schüssel. Erhitze alles für 2,5 bis 3 Minuten in der Mikrowelle und serviere es.

Nährwert pro Portion: 304kcal, 27g Proteine, 38g Kohlehydrate (8g Ballaststoffe, 3g Zucke), 7g Fette, 32% Calcium, 15% Eisen, 25% Magnesium, 10% Vitamin A, 25% Vitamin D, 51% Vitamin E, 12% Vitamin B1.

## 15. Heidelbeer-Zitronen-Pfannkuchen

Ein warmes und sättigendes Frühstück – dieser Heidelbeer-Pfannkuchen mit Zitronengeschmack ist eine einfache und geschmackvolle Art, die stärkende Mahlzeit zu erhalten, die du brauchst, um in den Tag zu starten. Gib einen Esslöffel griechischer Joghurt auf deinen Pfannkuchen, wenn du magst.

Zutaten (1 Portion):

1/3 Tasse Haferkleie

5 Eiweiße

½ Tasse Heidelbeeren

1 Portion geschmackloses Molkenproteinpulver

½ Teelöffel Back-Natron

1 Teelöffel geriebene Zitronenschale

1 Esslöffel Zitronensaft

Olivenöl-Spray

Zubereitungszeit: 5 min

Kochzeit: 5 min

Zubereitung:

Vermenge alle Zutaten in einer großen Schüssel, mische sie und rühre sie um, bis sie geschmeidig sind.

Koche den Teig in einer eingefetteten Pfanne bei mittlerer Temperatur, bis sich Blasen auf der Oberfläche bilden. Wende ihn und brate jede Seite, bis sie goldbraun ist. Nimm den Pfannkuchen heraus und serviere ihn.

Nährwert pro Portion: 340kcal, 47g Proteine, 37g Kohlehydrate (6g Ballaststoffe, 14g Zucker), 5g Fette, 10% Eisen, 25% Magnesium, 12% Vitamin C, 19% Vitamin K, 26% Vitamin B1, 58% Vitamin B2.

## MITTAGESSEN

### 16. Mediterranen Reis

Verwandle die langweilige Thunfisch-Dose in ein leckeres Gericht, das der perfekte Start für einen Nachmittag voller Übungen ist. Die hohe Menge an Kohlehydraten wird dir genügend Energie für dein Workout liefern und die Proteine stellen sicher, dass deine Muskeln nach der Anstrengung wieder zu Kräften kommen.

Zutaten (1 Portion):

1 Dose Thunfisch in Öl, abgeschöpft

100g brauner Reis

¼ Avocado, gewürfelt

¼ rote Zwiebel, geschnitten

Saft von ½ Zitrone

Salz und Pfeffer

Zubereitungszeit: 5 min

Kochzeit: 20 min

Zubereitung:

Erhitze den braunen Reis für ungefähr 20 Minuten und gib ihn anschließend in eine Schüssel mit Zwiebeln, Thunfisch und Avocado. Füg den Zitronensaft hinzu und vermische alle Zutaten. Würze alles mit Salz und Pfeffer, schmecke es ab und serviere es.

Nährwert pro Portion: 590kcal, 32g Proteine, 80g Kohlehydrate (7g Ballaststoffe, 1g Zucker), 14g Fette (5g gesättigt), 22% Eisen, 52% Magnesium, 101% Vitamin D, 18% Vitamin E, 107% Vitamin K, 32% Vitamin B1, 134% Vitamin B3, 26% Vitamin B5, 39% Vitamin B6, 15% Vitamin B9, 63% Vitamin B12.

## 17. Scharfes Huhn

Huhn ist perfekt für eine proteinreiche, Muskel aufbauende Mahlzeit. Reich an Nährstoffen kann diese einfache und leckere Mahlzeit mit einer Kohlenhydrat-Beilage deiner Wahl kombiniert werden.

Zutaten (2 Portionen):

3 knochenfreie Hühner-Brüste, halbiert

175g fettreduzierter Joghurt

5cm breite Stücke Gurke, fein gehackt

2 Esslöffel Thai rote Currypaste

2 Esslöffel Koriander, gehackt

2 Tassen frischer Spinat, als Beilage

Zubereitungszeit: 5 min

Kochzeit: 35-40 min

Zubereitung:

Heiz den Backofen auf 190°C Umluft/Gas 5 vor. Leg das Huhn eben in eine Schüssel. Misch ein Drittel des Joghurts mit der Currypaste und zwei Drittel Koriander, füge Salz und Pfeffer dazu und gieß alles über das Huhn. Stell sicher, dass das Fleisch gleichmäßig bedeckt ist. Lass es 30 Minuten ziehen (oder stell es über Nacht in den Kühlschrank)

Steck das Huhn auf eine Grillstange in einer Bratform und brate es 35 bis 40 Minuten, bis es goldbraun ist.

Erhitze Wasser in einer Pfanne und lass den Spinat sich darin zusammenfalten.

Mische den restlichen Joghurt und Koriander, füge Gurke dazu und rühre alles um. Gieß die Mischung auf das Huhn und serviere es mit dem gekochten Spinat.

Nährwert pro Portion: 275kcal, 43g Proteine, 8g Kohlehydrate (1g Ballaststoffe, 8g Zucker, 3g Fette (1g gesättigt), 20% Calcium, 15% Eisen, 25% Magnesium, 56% Vitamin A, 18% Vitamin C, 181% Vitamin K, 16% Vitamin B1, 26% Vitamin B2, 133% Vitamin B3, 25% Vitamin B5, 67% Vitamin B6, 19% Vitamin B9, 22% Vitamin B12.

## 18. Gefüllte Eier mit Pita-Brot

Decke deinen Bedarf an Omega-3-Fettsäuren mit diesem lachshaltigen Gericht. Reich an Vitaminen und Mineralien ist es eine großartige Art und Wiese, um dich mit Energie aufzutanken und gestärkt durch den Tag zu gehen.

Zutaten (2 Portionen):

1 in Wasser eingelegter Lachs aus der Dose (450g)

2 Eier

1 große Frühlingszwiebel, fein geschnitten

2 große Blätter Kopfsalat

10 Kirschtomaten

1 Esslöffel griechischer Joghurt

1 großes Vollkorn-Fladenbrot, halbiert

Meersalz und Pfeffer

Zubereitungszeit: 10 min

Kochzeit: 10 min

Zubereitung:

Koch die Eier, schäle sie und halbiere sie. Entferne anschließend den Eidotter und lege sie in eine Schüssel.

Gib den Lachs aus der Dose in die Schüssel sowie 1 Esslöffel Joghurt, die Frühlingszwiebel und Gewürze. Vermische alle Zutaten und fülle die Eier damit. Serviere das Fladenbrot gefüllt mit Kopfsalat und Tomaten.

Nährwert pro Portion: 455kcal, 45g Proteine, 24g Kohlenhydrate (3g Ballaststoffe, 2g Zucker), 36g Fette (10g gesättigt), 59% Calcium, 22% Eisen, 21% Magnesium, 30% Vitamin A, 24% Vitamin C, 43% Vitamin K, 11% Vitamin B1, 36% Vitamin B2, 60% Vitamin B3, 20% Vitamin B5, 41% Vitamin B6, 20% Vitamin B9, 20% Vitamin B12.

## 19. Chicken Caesar Wraps

Diese Chicken wraps ergeben eine großartige, tragbare Mahlzeit, die sicherstellt, dass dein Proteinlevel während des ganzen Tages hoch ist. Gib etwas Baby-Spinat dazu und mach daraus ein grüneres Gericht.

Zutaten (1 Portion):

85g Hühnerbrust, gebacken

2 ganze Vollkorn-Tortillas

1 Tasse Kopfsalat

50g fettfreier Joghurt

1 Teelöffel Anchovis-Paste

1 Teelöffel trockenes Senfpulver

1 Knoblauchzehe, gekocht

½ mittelgroße Gurke, gewürfelt


Zubereitungszeit: 5 min

Keine Kochzeit

Zubereitung:

Kombiniere die Anchovis-Paste mit dem Knoblauch und dem Joghurt, rühre um und gib Kopfsalat und die Gurken dazu. Teile die Mischung in 2 Hälften und streich sie auf die Tortillas. Leg anschließend das halbe Huhn in jede Tortilla. Wickel es ein und serviere es.

Nährwert pro Portion (2 Tortillas): 460kcal, 41g Proteine, 57g Kohlehydrate (7g Ballaststoffe, 9g Zucker), 10g Fette (2g gesättigt), 11% Calcium, 22% Vitamin K, 13% Vitamin B2, 59% Vitamin B3, 12% Vitamin B5, 29% Vitamin B6, 10% Vitamin B12.

## 20. Gebackter Lachs mit gegrilltem Spargel

Ein klassisches Gericht, das durch eine Zitronenmarinade und Senf interessanter gemacht wurde. Der gegrillte Lachs passt hervorragend zu den in Knoblauch eingelegten Spargelspitzen. Behandle dich selbst mit einer großartigen Kombination aus Proteinen und Vitaminen.

Zutaten (1 Portion):

140g Wildlachs

1 ½ Tasse Spargel

Marinade:

1 Esslöffel Knoblauch, fein geschnitten

1 Esslöffel Dijon Senf

Saft vom ½ Zitrone

1 Teelöffel Olivenöl

Vorbereitungszeit: 5 min

Kochzeit: 15 min

Zubereitung:

Heiz den Backofen auf 200°C Umluft/Gas 6 vor.

Mische in einer Schüssel den Zitronensaft mit der Hälfte des Knoblauchs, Olivenöl und Senf. Gieß die Marinade über den Lachs und stell sicher, dass er komplett bedeckt ist. Stell den marinierten Lachs für mindestens eine Stunde in den Kühlschrank.

Schneide die Spargelspitzen ab. Stell eine teflonbeschichtete Pfanne auf mittlerer/starke Hitze auf. Lege den Spargel mit dem verbleibenden Knoblauch ein, wende den Spargel dazu auf beiden Seiten und lass ihn für etwa 5 Minuten ziehen.

Leg den Lachs auf Backpapier und backe ihn für 10 Minuten. Serviere ihn anschließend mit dem gegrillten Spargel.

Nährwert pro Portion: 350kcal, 43g Proteine, 7g Kohlehydrate (5g Ballaststoffe, 1 g Zucker), 16g Fette (1 gesättigt), 17% Eisen, 20% Magnesium, 48% Vitamin A, 119% Vitamin C, 17% Vitamin E, 288% Vitamin K, 39% Vitamin B1, 60% Vitamin B2, 90% Vitamin B3, 33% Vitamin B5, 74% Vitamin B6, 109% Vitamin B9, 75% Vitamin B12.

## 21. Pasta mit Hackfleisch-Bällchen und Spinat

Ein proteinreiches Pasta-Gericht macht das Beste aus der Paarung Rindfleisch und Spinat. Es steckt nicht nur rund um voller Vitamine, sondern es beinhaltet auch eine gesunde Menge an Magnesium, das die Muskelkontraktion reguliert.

Zutaten (2 Portionen):

Für die Hackbällchen:

170g fettarmes Hackfleisch vom Rind

½ Tasse frischer Spinat, zerkleinert

1 Esslöffel Knoblauch, fein geschnitten

¼ Tasse rote Zwiebel, geschnitten

1 Teelöffel Kümmel

Meersalz und Pfeffer

Für Pasta:

100g Weizen-Spinat-Pasta

10 Kirschtomaten

2 Tasse frischer Spinat

¼ Tasse Marinara-Sauce

2 Esslöffel fettreduzierter Parmesan-Käse

Zubereitungszeit: 15 min

Kochzeit: 30 min

Zubereitung:

Heiz den Backofen auf 200°C Umluft/Gas 6 vor.

Mische das Hackfleisch, den frischen Spinat, den Knoblauch, die rote Zwiebel sowie Salz und Pfeffer nach Geschmack. Vermenge das Ganze mit den Händen, bis der Spinat völlig mit dem Fleisch vermischt ist.

Forme zwei oder drei Hackbällchen ungefähr gleicher Größe und leg sie für 10 bis 12 Minuten auf ein Backpapier in den Backofen.

Koch die Nudeln nach Packungsanweisung. Schütte das Nudelwasser ab und rühre die Tomaten, den Spinat und den Käse unter die Nudeln. Füg die Hackbällchen hinzu und serviere alles.

Nährwert pro Portion: 470kcal, 33g Proteine, 50g Kohlehydrate (6g Ballaststoffe, 5g Zucker), 12g Fette (5g gesättigt), 17% Calcium, 28% Eisen, 74% Magnesium, 104% Vitamin A, 38% Vitamin C, 11% Vitamin E, 361% Vitamin K, 16% Vitamin B1, 20% Vitamin B2, 45% Vitamin B3, 11% Vitamin B5, 45% Vitamin B6, 35% Vitamin B9, 37% Vitamin B12.

## 22. Gefüllte Hühnerbrust mit braunem Reis

Brauner Reis ist eine exzellente Art, qualitätsreiche Kohlehydrate in deine Ernährung einzubringen. Ergänz das mit einer proteinreichen Hühnerbrust und etwas Gemüse, dann hast du ein leckeres und energiereiches Mittagessen.

Zutaten (1 Portion):

170g Hühnerbrust

½ Tasse frischer Spinat

50g brauner Reis

1 Frühlingszwiebel, geschnitten

1 Tomate, geschnitten

1 Esslöffel Feta-Käse

Zubereitungszeit: 10 min

Kochzeit: 30 min

Zubereitung:
Heiz den Backofen auf 190°C Umluft/Gas 5 vor.

Schneide die Hühnerbrust in der Mitte durch, so dass sie aussieht wie ein Schmetterling. Würz das Huhn mit Salz und Pfeffer, öffne es anschließend und füll es mit Spinat, Feta-Käse und Tomaten-Stücke. Falte die Hühnerbrust und verwende einen Zahnstocher, damit alles zusammenhält. Backe die Hühnerbrust für 20 Minuten.

Erhitze den braunen Reis, füg Knoblauch hinzu und gehackte Zwiebel. Befülle eine Platte mit braunem Reis, lege das Huhn darauf und serviere alles.

Nährwert pro Portion: 469kcal, 48g Proteine, 46g Kohlehydrate (5g Ballaststoffe, 6g Zucker), 8g Fette (5g gesättigt), 22% Calcium, 18% Eisen, 38% Magnesium, 55% Vitamin A, 43% Vitamin C, 169% Vitamin K, 28% Vitamin B1, 28% Vitamin B2, 103% Vitamin B3, 28% Vitamin B5, 70% Vitamin B6, 23% Vitamin B9, 17% Vitamin B12.

## 23. Krabben und Zucchini-Linguine-Nudelsalat

Ein irreführendes Nudelgericht mit einer Portion zerkleinerter Zucchini und gedünsteten Krabben, die mit einem Hauch von Sesam verfeinert werden.

Diese Kombination der Zutaten macht ein leichtes Mittagessen aus mit einem hohen Gehalt an Proteinen.

Zutaten (1 Portion):

170g gedünstete Krabben

1 große Zucchini, geschnitten

¼ Tasse rote Zwiebel, geschnitten

1 Tasse Paprika, in Streifen

1 Esslöffel gebratene Tahini Butter

1 Teelöffel Sesamöl

1 Teelöffel Sesamsamen

Zubereitungszeit: 10 min

Keine Kochzeit

Zubereitung:

Schneide die Zucchini, indem du einen Mixer verwendest, um die Linguine frisch zuzubereiten.

Vermische Tahini und Sesamöl in einer Schüssel.

Gib alle Zutaten in eine große Schüssel, gieß die Tahini Sauce darüber und rühre alles um, um sicher zu gehen, dass alle Zutaten mit der Sauce bedeckt sind. Streu einige Sesamsamen hinein und serviere es.

Nährwert pro Portion: 420kcal, 45g Proteine, 26g Kohlehydrate (10g Ballaststoffe, 12g Zucker), 18g Fette (2g gesättigt), 19% Calcium, 47% Eisen, 48% Magnesium, 33% Vitamin A, 303% Vitamin C, 17% Vitamin E, 31% Vitamin K, 38% Vitamin B1, 36% Vitamin B2, 38% Vitamin B3, 13% Vitamin B5, 66% Vitamin B6, 35% Vitamin B9, 42% Vitamin B12.

## 24. Puten-Hackbällchen mit Vollkorn-Couscous

Diese Puten-Hackbällchen werden in einer Muffin-Form gebacken und stellen sicher, dass du deine gesättigte Fettsäure-Einnahme minimierst. Pepp sie etwas auf, indem du den Hackbällchen Paprika oder Pilze zufügst anstatt Zwiebel und würz sie mit etwas Bärlauch.


Zutaten (1 Portion):

140g mageres Puten-Hackfleisch

¾ Tasse rote Zwiebel, geschnitten

1 Tasse frischen Spinat

1/3 Tasse natriumarme Marinara-Sauce

½ Tasse Vollkorn-Couscous, gekocht

Gewürze deiner Wahl: Petersilie, Basilikum, Koriander

Pfeffer, Salz

Olivenöl-Spray


Zubereitungszeit: 5 min

Kochzeit: 20 min

Zubereitung:

Heiz den Ofen auf 200°C Umluft/Gas 6 vor.

Würz die Pute mit den Gewürzen deiner Wahl und gib die geschnittene Zwiebel dazu.

Sprüh die Muffin-Form leicht mit Olivenöl ein und leg die Pute in die Förmchen. Garniere jedes Puten-Hackbällchen mit 1 Esslöffel Marinara-Sauce, stell alles in den Backofen und back es 8 bis 10 Minuten.

Serviere das Ganze mit Couscous.

Nährwert pro Portion: 460kcal, 34g Proteine, 53g Kohlehydrate (4g Ballaststoffe, 7g Zucker), 12g Fette (4g gesättigt), 12% Calcium, 15% Eisen, 10% Magnesium, 16% Vitamin A, 15% Vitamin C, 11% Vitamin E, 16% Vitamin K, 11% Vitamin B1, 25% Vitamin B3, 16% Vitamin B6, 11% Vitamin B9.

## 25. Thunfisch-Burger und Salat

Der Thunfisch-Burger ist reich an Proteinen und Kohlehydraten. Damit ist er eine ausgezeichnete Wahl für ein Tagesgericht zum Workout. Bereite ihn jedes Mal etwas anders zu und wechsele beim Salatdressing zwischen verschiedenen Gemüse und Gewürzen.

Zutaten (1 Portion):

1 Dose Thunfisch-Stücke (165g)

1 Eiweiß

½ Tasse gehackte Pilze

2 Tasse Blattsalat, zerkleinert

¼ Tasse getrockneter Hafer

1 Teelöffel Olivenöl

1 Esslöffel fettreduziertes Salatdressing (deiner Wahl)

Kleiner Zweig Oregano, gehackt

1 mittelgroßes Vollkornbrötchen, halbiert

Zubereitungszeit 10 min

Kochzeit: 10 min

## Zubereitung:

Vermenge das Eiweiß, den Thunfisch, den getrockneten Hafer, den Oregano und forme eine Frikadelle.

Erhitz das Öl in einer teflonbeschichteten Pfanne bei mittlerer Hitze, leg die Frikadellen hinein und wende sie von Zeit zu Zeit, um sicher zu gehen, dass sie auf beiden Seiten braun werden.

Schneide das Vollkornbrötchen in 2 Hälften (horizontal) und leg die Frikadelle zwischen die beiden Hälften.

Mische das Gemüse in einer Schüssel, gib das Salatdressing dazu und serviere es als Beilage zum Thunfisch-Burger.

Nährwert pro Person: 560kcal, 52g Proteine, 76g Kohlehydrate (13g Ballaststoffe, 7g Zucker), 10g Fette (1g gesättigt), 11% Calcium, 35% Eisen, 38% Magnesium, 16% Vitamin A, 16% Vitamin K, 35% Vitamin B1, 33% Vitamin B2, 24% Vitamin B3, 28% Vitamin B5, 41% Vitamin B6, 21% Vitamin B9, 82% Vitamin B12.

## 26. Scharfer Rindersteak-Kebab

Dieser scharfe Kebab wird serviert mit Ofenkartoffeln. Das macht ihn nicht nur zu einer Muskel aufbauenden Mahlzeit, sondern auch eine gute Gelegenheit, das Augenlicht schützende Vitamin A deiner Ernährung zuzufügen. Füg einen Esslöffel eines fettreduzierten Joghurts zu deinen Kartoffeln um sie erfrischender zuzubereiten.

Zutaten (1 Portion):

140g mageres Rindersteak (Spannrippe)

200g Süßkartoffel

1 Paprika, gehackt

½ mittelgroße Zucchini, gehackt

fein gehackter Knoblauch

Pfeffer, Salz

Zubereitungszeit: 15 min

Kochzeit: 55 min

Zubereitung:

Heiz den Ofen auf 200°C Umluft/Gas 6 vor. Pack die Süßkartoffeln in Folie ein, leg sie in den Backofen und backe sie für 45 Minuten.

Schneide das Rindersteak in dünne Streifen, würz es mit Salz, Pfeffer und Knoblauch. Stell den Kebab zusammen, wechsele zwischen Rind, Zucchini und Paprika ab.

Leg den Kebab auf ein Backpapier und backe ich für 10 Minuten. Serviere ihn zusammen mit den Süßkartoffeln.

Nährwert pro Portion: 375kcal, 38g Proteine, 49g Kohlehydrate (9g Ballaststoffe, 12g Zucker), 4g Fette (1g gesättigt), 24% Eisen, 27% Magnesium, 581% Vitamin A, 195% Vitamin C, 21% Vitamin K, 22% Vitamin B1, 28% Vitamin B2, 61% Vitamin B3, 28% Vitamin B5, 92% Vitamin B6, 20% Vitamin B9, 30% Vitamin B12.

## 27. Forelle mit Kartoffelsalat

Willst du sicherstellen, dass dir kein Vitamin B12 fehlt? Versuch diese gesunde Portion an Forelle gepaart mit einem nahrhaften und vitaminbeladenen, erfrischenden Kartoffelsalat.

Zutaten (2 Portionen):

2*140g Forellen-Filet

250g festkochende Kartoffel, halbiert

4 Teelöffel Joghurt

4 Teelöffel fettreduzierte Mayonnaise

1 Esslöffel Kapern, abgespült

4 kleine Cornichons, geschnitten

2 Frühlingszwiebel, ein geschnitten

¼ Gurke, geschnitten

1 Zitrone, Zitronenschale von einer ½

Zubereitungszeit: 10 min

Kochzeit: 20 min

## Zubereitung:

Koch die Kartoffeln in gesalzenem Wasser für 15 Minuten, bis sie weich sind. Schütte das Wasser aus und kühle sie mit kaltem Wasser ab und lass sie wieder abtropfen.

Heiz den Grill.

Misch die Mayonnaise und den Joghurt, würz beides mit Zitronensaft. Gib die Mischung zu den Kartoffeln zusammen mit Kapern, einem Großteil der Frühlingszwiebeln, der Gurke und den Cornichons. Verteile die restlichen Zwiebeln auf den Salat.

Würz die Forelle, leg ihn mit Backpapier auf den Grill - mit der weichen Seite nach unten -, bis er gar ist. Streu Zitronenschale darüber und serviere ihn mit dem Kartoffelsalat.

Nährwert pro Portion: 420kcal, 38g Proteine, 28g Kohlhydrate (3g Ballaststoffe, 6g Zucker), 13g Fette (3g gesättigt), 12% Calcium, 11% Eisen, 22% Magnesium, 29% Vitamin C, 59% Vitamin K, 21% Vitamin B1, 18% Vitamin B2, 12% Vitamin B3, 22% Vitamin B5, 43% Vitamin B6, 18% Vitamin B9, 153% Vitamin B12.

## 28. Mexikanisches Bohnen-Chili

Als eine proteinreiche Mittags-Mahlzeit, eignet sich dieses Gericht hervorragend, um ein Drittel deines Täglichen Bedarfs an Ballaststoffen zu decken. Obwohl es bereits alleine genug Nährstoffe hat, kann es auch auf einem Berg von braunem Reis serviert werden.

Zutaten (2 Portionen):

250g fein geschnittenes Rindfleisch

200g gebackene Bohnen in der Dose

75ml Rinderfond

½ Zwiebel geschnitten

½ rote Peperoni, geschnitten

1 Teelöffel Chipotle-Paste

1 Teelöffel Olivenöl

½ Teelöffel Chilipulver

1 Tasse brauner Reis, gekocht (optional)

Korianderblätter oder Gewürz

Zubereitungszeit: 5 min

Kochzeit: 45 min

Zubereitung:

Erhitze das Öl in einer teflonbeschichteten Pfanne bei mittlerer Hitze. Brate anschließend die Zwiebeln und die roten Peperoni an, bis sie weich sind. Erhöhe die Hitze, füg Chilipulver dazu und koch alles für 2 Minuten, bevor du das fein geschnittene Rindfleisch dazu gibst. Koch alles, bis es braun wird und alle Flüssigkeit ausgetreten ist.

Gib den Rinderfond, die gebackenen Bohnen und die Chipotle-Paste dazu. Lass alles bei geringer Hitze 20 Minuten kochen, würze dann alles und garnier es mit Korianderblättern. Serviere das Ganze mit braunem Reis.

Nährwert pro Portion (ohne Reis): 402kcal, 34g Proteine, 19g Kohlehydrate (5g Ballaststoffe, 10g Zucker), 14g Fette (5g gesättigt), 29% Eisen, 15% Magnesium, 42% Vitamin C, 11% Vitamin B1, 16% Vitamin B2, 34% Vitamin B3, 40% Vitamin B6, 18% Vitamin B9, 52% Vitamin B12.

½ Tasse Reis: 108kcal

## 29. Rindfleisch und Broccoli-Nudeln

Als ein praktisches, leckeres Gericht brauchen die Rindfleisch und Broccoli Nudeln nur 20 Minuten Zubereitungszeit. Damit ist es eine gute Wahl für einen vollen Tag. Du kannst die Nudeln mit einigen Scheiben roter Chili servieren, um dem Ganzen eine extra Schärfe zu verleihen.

Zutaten (2 Portionen):

2 Tassen Eiernudeln

200g kurz angebratene Rinderstreifen

1 Frühlingszwiebel, geschnitten

½ Kopf Broccoli, kleine Bünde

1 Teelöffel Sesamöl

Für die Sauce:

1 ½ Esslöffel salzarme Soja-Sauce

1 Teelöffel Tomatenketchup

1 Knoblauchzehe, gerieben

1 Esslöffel Austernsauce

¼ Ingwer, fein gerieben

1 Teelöffel Weißwein-Essig

Zubereitungszeit: 10 min

Kochzeit: 10 min

Zubereitung:

Vermische die Zutaten für die Sauce. Erhitz die Nudeln nach Packungsanweisung. Gib den Broccoli dazu, wenn sie fast fertig sind. Lass sie für einige Minuten kochen und schütte anschließend das Wasser ab.

Erhitz das Öl in einem Wok, bis es sehr heiß ist. Brate dann das Rindfleisch für 2 bis 3 Minuten kurz darin an, bis es braun ist. Gib die Sauce dazu, lass es aufkochen und anschließend bei mittlerer Hitze köcheln, bevor du den Herd ausschaltest.

Gib das Rindfleisch zu den Nudeln, garnier das Ganze mit Frühlingszwiebeln und serviere es direkt.

Nährwert pro Person: 352kcal, 33g Proteine, 39g Kohlehydrate (5g Ballaststoffe, 5g Zucker), 9g Fette (2g gesättigt), 20% Eisen, 20% Magnesium, 20% Vitamin A, 224% Vitamin C, 214% Vitamin K, 14% Vitamin B1, 19%

Vitamin B2, 43% Vitamin B3, 18%, Vitamin B5, 50% Vitamin B6, 31% Vitamin B9, 23% Vitamin B12.

## 30. Pollack umhüllt mit Pancetta und Kartoffeln

Dieses leichte und frisch schmeckende Gericht liefert viel Energie und ist reich an Proteinen. Dadurch ist es die ideale Wahl für ein Mittagessen. Der Pollack kann durch einen anderen weißen Fisch ersetzt werden, während statt der Oliven auch sonnengetrocknete Tomaten verwendet werden können.

Zutaten (2 Portionen):

2* 140g Pollack-Filets

4 Scheiben Pancetta

300g frische Kartoffeln

100g grüne Bohnen

30g Kalamata-Oliven

Saft und Schale von 1 Zitrone

2 Esslöffel Olivenöl

Einige Estragon-Zweige, Blätter abzupfen

Zubereitungszeit: 10 min

Kochzeit: 15 min

Zubereitung:

Heiz den Backofen auf 200°C Umluft/Gas 6 vor. Erhitz die Kartoffeln für 10 bis 12 Minuten, bis sie weich sind. Gib die Bohnen für die letzte 2 bis 3 Minuten dazu. Schütte anschließend das Wasser ab, schneide die Kartoffeln in der Mitte durch und leg sie in eine Backform. Dazu kommen die Oliven, die Zitronenschale, das Öl sowie die Gewürze.

Würze den Fisch und wickeln ihn in der Pancetta ein. Leg sie anschließend auf die Kartoffeln. Backe alles für 10 bis 12 Minuten, bis es gut durch ist. Füge dann den Zitronensaft dazu, garniere alles mit Estragon und serviere es.

Nährwert pro Portion: 525kcal, 46g Proteine, 36g Kohlehydrate (5g Ballaststoffe, 3g Zucker), 31g Fette (8g gesättigt), 10% Eisen, 31% Magnesium, 63% Vitamin C, 18% Vitamin K, 15% Vitamin B1, 13% Vitamin B2, 14% Vitamin B3, 25% Vitamin B6, 73% Vitamin B12.

## ABENDESSEN

### 31. Sushi-Platte

Eine kalorienarme Sushi-Platte ersetzt Reis für Blumenkohl, welcher mit Knoblauch, Sojasauce und Zitronensaft verfeinert ist. Benutze die Seetang-Blätter, um das Gemüse und den Lachs einzuwickeln und forme eine Mini-Rolle.

Zutaten (2 Portionen):

170g geräucherter Lachs

1 mittegroße Avocado

½ Kopf Blumenkohl, gedünstet und gewürfelt

1/3 Tasse Karotten, zerkleinert

½ Teelöffel Cayenne

1.2 Teelöffel Knoblauchpulver

1 Esslöffel natriumarme Sojasauce

2 Seetang-Blätter

Saft von einer ½ Limette

Zubereitungszeit: 10 min

Keine Kochzeit

Zubereitung:

Gib den Blumenkohl, die Karotten, die Sojasauce, den Knoblauch, den Limettensaft und den Cayenne in eine Küchenmaschine. Stoppe sie, bevor sich die Mischung in eine Paste verwandelt. Serviere das Ganze neben Lachs und den Seetang-Blättern.

Nährwert pro Person: 272kcal, 20g Proteine, 13g Kohlehydrate (7g Ballaststoffe, 4g Zucker), 16g Fette (1g gesättigt), 10% Eisen, 14% Magnesium, 73% Vitamin A, 88% Vitamin C, 13% Vitamin E, 40% Vitamin K, 18% Vitamin B1, 15% Vitamin B2, 31% Vitamin B3, 21% Vitamin B5, 31% Vitamin B6, 26% Vitamin B9, 45% Vitamin B12.

## 32. Hühnchen süß-sauer

Hühnchen süß-sauer ist ein leichtes und leckeres Rezept, das in jeder Küche Platz findet. Es ist reich an Proteinen und Vitaminen und passt sehr gut zu gedünsteten Broccoli-Rosetten.

Zutaten (2 Portionen):

300g Hühnerbrust, geschnitten in mundgerechte Stücke

1 Teelöffel Knoblauchsalz

¼ Tasse natriumarme Hühnerbrühe

¼ Tasse weißer Essig

¼ Süßstoff

¼ Teelöffel schwarzer Pfeffer

1 Teelöffel natriumarme Sojasauce

3 Teelöffel zuckerfreien Ketchup

Pfeilwurz

400g Broccoli-Rosetten, gedünstet

Zubereitungszeit: 10 min

Kochzeit: 15 min

Zubereitung:

Leg das Hühnchen in eine große Schüssel und würze es auf beiden Seiten mit Knoblauch, Pfeffer und Salz. Koch das Hühnchen bei mittlerer/starker Hitze, bis es gar ist.

Verrühre währenddessen die Hühnerbrühe, Süßstoff, Essig, Ketchup und Sojasauce in einer Sauce-Pfanne. Bring die Mischung zum Kochen und senke die Hitze. Füg die Pfeilwurz dazu und verrühre es gut. Lass es für einige Minuten kochen.

Gieß die Sauce über das gekochte Hühnchen und serviere es mit gedünstetem Broccoli.

Nährwert pro Portion: 250kcal, 40g Proteine, 14g Kohlehydrate (6g Ballaststoffe, 4g Zucker), Fette 2g, 11% Calcium, 14% Eisen, 20% Magnesium, 24% Vitamin A, 303% Vitamin C, 254% Vitamin K, 17% Vitamin B1, 21% Vitamin B2, 90% Vitamin B3, 24% Vitamin B5, 58% Vitamin B6, 33% Vitamin B9.

## 33. Hummer in Knoblauch

Du benötigst nur 5 Minuten um dieses gesunde und leckere Gericht zuzubereiten. Es ist sehr reich an Magnesium und beinhaltet eine große Menge an Protein, trotz der Tatsache, dass dieses Rezept ohne Fleisch auskommt. Wenn du ein Vollkorn-Tortilla dazu nimmst, hast du das perfekte Essen für unterwegs.

Zutaten (3 Portionen):

1*400g Kichererbsen aus der Dose (halte 1/4 der Flüssigkeit zurück)

¼ Tasse Tahini

¼ Tasse Zitronensaft

1 Knoblauchzehe

1 Esslöffel Olivenöl

¼ Teelöffel Ingwer

¼ Teelöffel Kümmel

2 Frühlingszwiebel, fein gehackt

1 Tomaten, gewürfelt

Zubereitungszeit: 5 min

Keine Kochzeit

Zubereitung:

Gib die Kichererbsen, die Flüssigkeit davon, die Tahini, den Zitronensaft, das Olivenöl, den Knoblauch, den Kümmel und den Ingwer in eine Küchenmaschine und verrühr alles, bis es weich ist.

Füge die Tomaten und die Frühlingszwiebeln dazu und würze alles mit Salz und Pfeffer. Serviere alles mit Paprika-Stücken.

Nährwert pro Person: 324kcal, 11g Proteine, 21g Kohlehydrate (7g Ballaststoffe, 1g Zucker), 17g Fette (2g gesättigt), 22% Calcium, 54% Eisen, 135% Magnesium, 10% Vitamin A, 12% Vitamin C, 33% Vitamin K, 122% Vitamin B1, 12% Vitamin B2, 44% Vitamin B3, 11% Vitamin B5, 12% Vitamin B6, 40% Vitamin B9.

## 34. Hühnchen mit Ananas und Paprika

Nimm eine Auszeit von den traditionellen Hühnchen-Rezepten und probiere dieser Version mit süßer und erfrischender Ananas. Diese Mahlzeit ist reich an Vitamin B3 sowie Proteinen und noch dazu eine wichtige Quelle für Kohlehydrate. Statt des Reises kannst du ebenso Hirse verwenden.

Zutaten (1 Portion):

140g Hühnerbrust, ohne Knochen

1 Esslöffel Senf

½ Tasse frische Ananas, geschnitten

½ Tasse Paprika, geschnitten

50g brauner Reis

Kokosöl-Spray

1 Teelöffel Kümmel

Salz und Pfeffer

Zubereitungszeit: 5 min

Kochzeit: 15 min

## Zubereitung:

Schneide das Hühnchen in kleine Streifen, reibe sie mit Senf ein und würze sie mit Salz, Pfeffer und Kümmel.

Stell eine Pfanne bei mittlerer Hitze auf den Herd und besprüh sie leicht mit Kokosöl. Gib das Hühnchen hinzu und koche es auf allen Seiten. Wenn das Hühnchen fast fertig ist, erhöhe die Hitze und gib die Ananas-Stücke und die Paprika dazu. Koch alles und stell sicher, dass alle Seiten braun sind. Das sollte 3 bis 5 Minuten dauern.

Erhitze den braunen Reis und serviere ihn zusammen mit dem Hühnchen.

**Nährwert pro Portion:** 377kcal, 37g Proteine, 50g Kohlehydrate (6g Ballaststoffe, 10g Zucker), 1g Fette, 12% Eisen, 33% Magnesium, 168% Vitamin C, 26% Vitamin B1, 13% Vitamin B2, 96% Vitamin B3, 22% Vitamin B5, 65% Vitamin B6, 10% Vitamin B9.

## 35. Proteinschüssel nach mexikanischer Art

Nimm dir eine Auszeit von Fleisch und schmeiß diese Zutaten zusammen für eine wohlschmeckende Alternative zum Gewöhnlichen. Du kannst das frittierte Fett und die ungesunden Kalorien weglassen und trotzdem bekommst du den vollen Geschmack mexikanischen Essens.

Zutaten:

1/3 Tasse gekochter, schwarzer Bohnen

½ Tasse gekochter. Brauner Reis

2 Esslöffel Salsa

¼ Avocado, geschnitten


Zubereitungszeit: 5 min

Keine Kochzeit


Zubereitung:

Vermische alle Zutaten in einer Schüssel und serviere das Ganze.

Nährwert pro Portion: 307kcal, 11g Proteine, 48g Kohlehydrate (11g Ballaststoffe, 1g Zucker), 7g Fette (1g gesättigt), 26% Magnesium, 13% Vitamin K, 16% Vitamin B1, 11% Vitamin B3, 17% Vitamin B6, 30% Vitamin B9.

## 36. Rucola-Hühnchen-Salat

Rucola-Blätter verleihen diesem süßen und super gesunden Salat die gewisse Befriedigung. Diese Mahlzeit ist eine ausgiebige Quelle für Gemüse und qualitätsvolle Proteine und kann mit einem einfachen Dressing bestehend aus fettreduziertem Joghurt und Knoblauch bereichert werden.

Zutaten (1 Portion):

120g Hühnerbrust

5 Baby-Karotten, gewürfelt

¼ Rotkohl, gewürfelt

½ Tasse Rucola

1 Esslöffel Sonnenblumenkerne

1 Teelöffel Olivenöl

Zubereitungszeit: 10 min

Kochzeit: 10 min

Zubereitung:

Schneide das Hühnchen in mundgerechte Würfel. Erhitze das Olivenöl in einer teflonbeschichteten Pfanne und brate das Hühnchen darin an, bis es gekocht ist. Stell es zur Seite und lass es auskühlen.

Gib die Karotten, den Rucola und den Rotkohl in eine große Schüssel. Leg den Salat und die Sonnenblumenkerne auf das ausgekühlte Hühnchen und serviere alles.

Nährwert pro Portion: 311kcal, 30g Proteine, 9g Kohlehydrate (1g Ballaststoffe), 13g Fette (1g gesättigt), 11% Eisen, 22% Magnesium, 150% Vitamin A, 25% Vitamin C, 29% Vitamin E, 32% Vitamin K, 23% Vitamin B1, 10% Vitamin B2, 72% Vitamin B3, 11% Vitamin B5, 49% Vitamin B6, 17% Vitamin B9.

## 37. Heilbutt in Dijon-Senf

Dieses würzige Heilbutt-Gericht ist eine schnelle und leichte Art und Weise um eine gesunde Dosis an Proteinen zu erhalten. Es ist arm an Kohlenhydraten sowie reich an Vitaminen und daher eine perfekte Wahl als Abendessen. Die geringe Menge an Kalorien erlaubt es dir die Sauce zu verdoppeln, wenn du dir gegenüber milde bist.

Zutaten (2 Portionen):

220g Heilbutt

¼ Zwiebel, geschnitten

1 rote Peperoni, geschnitten

1 Knoblauchzehe

1 Esslöffel Dijon-Senf

1 Teelöffel Worcestershire-Sauce

1 Teelöffel Olivenöl

Saft von 1 Zitrone

1 Bund Petersilie

2 große Karotten, in Stifte geschnitten

1 Tasse Broccoli-Rosetten

1 Tasse Pilze, geschnitten

Zubereitungszeit: 10 min

Kochzeit: 20 min

Zubereitung:

Gib die rote Peperoni, den Knoblauch, die Petersilie, den Senf, die Zwiebel, die Worcestershire-Sauce, den Zitronensaft und das Olivenöl in die Küchenmaschine.

Leg den Fisch, die Sauce und das restliche Gemüse in einen Backschlauch aus Pergament. Backe es bei 190°C Umluft/Gas 5 für 20 Minuten und serviere es anschließend.

Nährwert pro Portion: 225kcal, 33g Proteine, 12g Kohlehydrate (3g Ballaststoffe, 5g Zucker), 5g Fette (1g gesättigt), 11% Calcium, 10% Eisen, 35% Magnesium, 180% Vitamin A, 77% Vitamin C, 71% Vitamin K, 13% Vitamin B1, 19% Vitamin B2, 51% Vitamin B3, 14% Vitamin B5, 34% Vitamin B6, 15% Vitamin B9, 25% Vitamin B12.

## 38. Hühnchen-Blechkuchen

Schnell, einfach und lecker – dieses Gericht sollte ein Sommeressen in deiner Küche sein, weil es dann genug Kirschtomaten geben wird. Die Pesto verleiht der einfach gewürzten Hühnerbrust einen erfrischenden Geschmack.

Zutaten (2 Portionen):

300g Hühnerbrust

300g Kirschtomaten

2 Esslöffel Pesto

1 Esslöffel Olivenöl

Salz, Pfeffer

Zubereitungszeit: 5 min

Kochzeit: 15 min

Zubereitung:

Gib die Hühnerbrust in eine Bratenform, würze sie, besprenkele sie mit Olivenöl und grille sie anschließend für 10 Minuten. Füge die Kirschtomaten dazu und grill das

Ganze für weitere 5 Minuten, bis das Hühnchen durch ist. Reibe Pesto darauf und serviere das Ganze mit Kirschtomaten.

Nährwert pro Person: 312kcal, 36g Proteine, 7g Kohlehydrate (2g Ballaststoffe, 5g Zucker), 19g Fette (4g gesättigt), 15% Magnesium, 25% Vitamin A, 34% Vitamin C, 11% Vitamin E, 20% Vitamin K, 10% Vitamin B1, 88% Vitamin B3, 13% Vitamin B5, 33% Vitamin B6.

## 39. Tofu-Burger

Tofu beinhaltet alle essentiellen Aminosäuren und das macht es zu einem perfekten Ersatz für Fleisch. Die karamellisierte Zwiebel mit Chili-Flocken und Sriracha gepaart mit dem Teriyaki-Tofu wird deine Geschmacksnerven erfreuen.

Zutaten (1 Portion):

85g Tofu (extra stark)

1 Esslöffel Teriyaki-Marinade

1 Esslöffel Sriracha

1 Salatblatt

30g Karotten, zerkleinert

¼ rote Zwiebel, geschnitten

½ Teelöffel rote Chili-Flocken

1 mittelgroßes Vollkornbrötchen


Zubereitungszeit: 5 min

Kochzeit: 10 min

Zubereitung:

Erhitz den Grill.

Mariniere den Tofu mit Teriyaki-Marinade, roten Chili-Flocken und Sriracha. Grill das Ganze für 3 bis 5 Minuten auf jeder Seite.

Brate die rote Zwiebel in einer teflonbeschichteten Pfanne an, bis sie karamellisieren.

Schneide das Brötchen in der Mitte durch, so dass du es wie ein Buch öffnen kannst. Fülle das Brötchen mit dem gegrillten Tofu, den karamellisierten Zwiebeln, den Karotten sowie dem Blattsalat und serviere alles.

Nährwert pro Portion: 194kcal, 11g Proteine, 28g Kohlehydrate (5g Ballaststoffe, 8g Zucker), 5g Fette (1g gesättigt), 21% Calcium, 14% Eisen, 19% Magnesium, 95% Vitamin A, 10% Vitamin B1, 14% Vitamin B6.

## 40. Scharfer Kabeljau

Reich an Proteinen und gesunden Fetten und arm an Kohlehydraten – dieser super scharfe Kabeljau wird dir einen Ruck für den ganzen Tag verpassen. Serviere ihn mit etwas braunem Reis, wenn du einen Kohlehydratschub für ein abendliches Workout benötigst, oder gib zwei Peperoni mehr dazu, wenn du denkst, dass du noch mehr Würze vertragen kannst.

Zutaten (2 Portionen):

340g weißer Kabeljau

10 Kirschtomaten, halbiert

2 Jalapeno Peperoni, geschnitten

2 Esslöffel Olivenöl

Meersalz

Chili-Pulver

Zubereitungszeit: 5 min

Kochzeit: 10 min

## Zubereitung:

Erhitz das Öl in einer teflonbeschichteten Pfanne. Wälze den Kabeljau in Salz und Chili-Pulver, leg ihn in die Pfanne und koche ihn für 10 Minuten bei mittlerer Hitze. Gib die Peperoni 1-2 Minuten, bevor der Fisch gut ist, dazu.

Serviere das Ganze mit Kirschtomaten.

Nährwert pro Portion: 279kcal, 30g Proteine, 6g Kohlehydrate (1g Ballaststoffe, 1 g Zucker), 16g Fette (2g gesättigt), 11% Magnesium, 17% Vitamin A, 38% Vitamin C, 26% Vitamin E, 33% Vitamin K, 24% Vitamin B3, 43% Vitamin B6, 26% Vitamin B12.

## 41. Gegrillte Pilze und Zucchini-Burger

Die Portobello-Pilze haben ein dickes, fleischiges Gewebe, was sie zu Lieblingen unter den Vegetariern und Fleischessern macht. Verwöhn damit den Natur-Burger und erhalte jede Menge Mineralien und Vitamine bei minimaler Kalorien-Einnahme.

Zutaten (1 Portion):

1 großer Portabella-Pilz

¼ kleine Zucchini, geschnitten

1 Teelöffel geröstete Paprika

1 Stück fettreduzierter Käse

4 Spinatblätter

Olivenöl-Spray

1 mittelgroßes Vollkornbrötchen


Zubereitungszeit: 5 min

Kochzeit: 5 min

Zubereitung:

Erhitze den Grill. Besprüh die Pilze mit Olivenöl, dann grill die Pilze und Zucchini-Stücke.

Schneide das Brötchen in der Mitte durch (horizontal), leg die Zutaten anschließend auf eine Hälfte und decke sie mit der anderen zu. Serviere das Ganze direkt.

Nährwert pro Portion: 185kcal, 12g Proteine, 24g Kohlehydrate (4g Ballaststoffe, 5g Zucker), 4g Fette (1g gesättigt), 21% Calcium, 17% Eisen, 20% Magnesium, 78% Vitamin A, 28% Vitamin C, 242% Vitamin K, 15% Vitamin B1, 37% Vitamin B2, 26% Vitamin B3, 16% Vitamin B5, 16% Vitamin B6, 31% Vitamin B9.

## 42. Fisch nach mediterraner Art

Was gibt es für eine bessere Art, deine täglich erforderliche Dosis an B12 zu erhalten, als mit einem Gericht, das mit mediterranen Aromen angereichert ist? Die restlichen Vitamine und Mineralien sind ebenso repräsentiert und die Protein-Menge ist für ein gutes Abendessen genau richtig.

Zutaten (2 Portionen):

200g frische Forelle

2 mittelgroße Tomaten

3 Teelöffel Kapern

½ rote Paprika, gewürfelt

1 Knoblauchzehe, gewürfelt

10 grüne Oliven, geschnitten

¼ Zwiebel, geschnitten

½ Tasse Spinat

1 Esslöffel Olivenöl

Salz und Pfeffer

Zubereitungszeit: 10 min

Kochzeit: 15 min

Zubereitung:

Erhitze eine große Pfanne bei mittlerer Hitze. Füge die Tomaten, den Knoblauch und das Olivenöl dazu. Leg den Deckel auf die Pfanne und lass es einige Minuten köcheln, bis die Tomaten weich sind.

Füg die Zwiebel, die Paprika, die Oliven, die Kapern, Salz und Pfeffer (und wenn nötig etwas Wasser) hinzu. . Leg den Deckel auf die Pfanne und lass es einige Minuten köcheln, bis die Tomaten eingekocht sind und die Paprika sowie die Zwiebel weich sind.

Gib die Forelle dazu, leg den Deckel auf die Pfanne und gare alles 5 bis 7 Minuten.

Füg den Spinat in der letzten Minute hinzu und serviere alles.

Nährwert: 305kcal, 24g Proteine, 7g Kohlehydrate (1g Ballaststoffe, 4g Zucker), 11g Fette (3g gesättigt), 10% Calcium, 12% Magnesium, 36% Vitamin A, 56% Vitamin C, 62% Vitamin K, 13% Vitamin B1, 33% Vitamin B3, 12% Vitamin B5, 25% Vitamin B6, 15% Vitamin B9, 105% Vitamin B12.

## 43. Veganer freundliches Abendessen

Ein Veganer freundliches Abendessenmit einer guten Portion Proteine und Vitamine. Gönne deinem Gaumen den Geschmack, den er verdient mit dieser süßen und sauren Sauce, die mit Tofu verfeinert wurde und leicht zuzubereiten ist.

Zutaten (2 Portionen):

340g Tofu

¼ Tasse Sojasauce

¼ Tasse brauner Zucker

2 Teelöffel Sesamöl

1 Teelöffel Olivenöl

1 Teelöffel Chili-Flakes

2 Knoblauchzehen, fein geschnitten

1 Teelöffel Ingwer, frisch gerieben

Salz

Zubereitungszeit: 5 min

Kochzeit: 15 min

Zubereitung:

Vermenge den braunen Zucker, die Sojasauce, das Sesamöl, den Ingwer, die Chili-Flakes und das Salz in einer Schüssel und stell sie zur Seite.

Gib Olivenöl in eine Saucen-Pfanne und erhitze sie, Brate anschließend das Tofu ungefähr 10 Minuten an.

Gib die Sauce in die Pfanne und koche sie 3 bis 5 Minuten. Serviere alles, wenn die Sauce dich genug ist und der Tofu gut gebraten ist.

Nährwert pro Person: 245kcal, 17g Proteine, 15g Kohlehydrate (1g Ballaststoffe, 11g Zucker), 15g Fette (3g gesättigt), 34% Calcium, 19% Eisen, 19% Magnesium, 11% Vitamin B2, 11% Vitamin B6.

## 44. Thunfisch-Sandwich

Im Gegensatz zu einem gewöhnlichen Thunfisch-Sandwich, welches reich an gesättigten Fettsäuren und Kohlehydraten ist, verfügt dieses über eine moderate Menge an Kohlehydraten und beinhaltete den Protein-Reichtum einer Thunfisch-Dose. Das macht dieses Gericht zu einer exzellenten Mahlzeit, welche den Muskelaufbau unterstützt.

Zutaten (2 Portionen):

1 Dose Thunfisch (165g)

2 Scheiben eines fettreduzierten Mozzarellas

2 Teelöffel Tomatensauce

1 Vollkorn- Milchbrötchen

etwas Oregano

Zubereitungszeit: 5 min

Kochzeit: 3 min

Zubereitung:

Heiz den Backofen auf 190°C Umluft/Gas 5 vor.

Schneide das Milchbrötchen auf, bestreich es mit der Hälfte der Tomatensauce und gib den Thunfisch und etwas Oregano darauf. Lege anschließend eine Scheibe Käse auf den Thunfisch. Stell die Mini-Sandwichs in den Backofen und backe sie 2 bis 3 Minuten oder bis der Käse geschmolzen ist. Verteile alles auf 2 Teller und serviere es.

Nährwert pro Person: 255kcal, 31g Proteine, 14g Kohlehydrate (2g Ballaststoffe, 2 g Zucker), 6g Fette (4g gesättigt), 29% Calcium, 11% Eisen, 13% Magnesium, 10% Vitamin B1, 10% Vitamin B2, 60% Vitamin B3, 23% Vitamin B6, 52% Vitamin B12.

## 45. Hühnchen mit Avocado-Salat

Eine Mahlzeit, die ein Gleichgewicht aus qualitätsvollen Proteinen und gesunden Fetten liefert, wird dich sättigen, ohne es mit den Kohlehydraten zu übertreiben. Ersetze den Essig mit Zitronensaft für ein erfrischenderes Gefühl.

Zutaten (1 Portion):

100g Hühnerbrust

1 Teelöffel geriebene Paprika

2 Teelöffel Olivenöl

Für den Salat:

½ mittelgroße Avocado, geschnitten

1 mittelgroße Tomate, gewürfelt

½ kleine, rote Zwiebel, dünn geschnitten

1 Esslöffel Petersilie, grob gehackt

1 Teelöffel Rotweinessig

Zubereitungszeit: 10 min

Kochzeit: 10 min

Zubereitung:

Heiz den Grill bei mittlerer Hitze. Reibe das Huhn mit einem Teelöffel Olivenöl und Paprika ein. Koche es 5 Minuten auf beiden Seiten, bis es gut durch ist und leicht verkohlt. Schneide das Hühnchen in dicke Streifen.

Mische die Salatzutaten, füge das restliche Olivenöl hinzu und serviere ihn mit dem Hühnchen.

Nährwert pro Portion: 346kcal, 26g Proteine, 14g Kohlehydrate (6g Ballaststoffe, 4g Zucker), 22g Fette (3g gesättigt), 16% Magnesium, 22% Vitamin, 44% Vitamin C, 18% Vitamin E, 38% Vitamin K, 12% Vitamin B1, 11% Vitamin B2, 66% Vitamin B3, 19% Vitamin B5, 43% Vitamin B6, 22% Vitamin B9.

## SNACKS

**1. Kirschtomaten mit Ziegenkäse**

Halbiere 5 Kirschtomaten und bestreiche sie mit 2 Esslöffel Ziegenkäse. Gib frischen Dill und etwas Salz darüber.

Nährwert: 58kcal, 4g Proteine, 10g Kohlehydrate, 30% Vitamin A, 40% Vitamin C, 20% Vitamin K, 10% Vitamin B1, 10% Vitamin B6, 10% Vitamin B9.

**2. Avocado auf Toast**

Toaste eine kleine Scheibe eines Vollkornbrotes, bestreich es mit 50g zerkleinerter Avocado und streu etwas Salz und Pfeffer darüber.

Nährwert: 208kcal, 5g Proteine, 28g Kohlehydrate (6g Ballaststoffe, 2g Zucker), 9g Fette (1g gesättigt), 13% Vitamin K, 13% Vitamin B9.

**3. Paprika mit Ziegenkäse**

Halbiere eine kleine Paprika, entkerne sie und fülle sie dann mit 50g Hüttenkäse aus. Würze das Ganze mit einem Gewürz deiner Wahl.

Nährwert: 44kcal, 6g Proteine, 3g Kohlehydrate (3g Zucker), 49% Vitamin C.

**4. Reiswaffel mit Erdnussbutter**

Bestreich 1 Reiswaffel mit 1 Esslöffel cremiger Erdnussbutter.

Nährwert: 129kcal, 5g Proteine, 10g Kohlenhydrate (1g Ballaststoffe, 1 g Zucker), 8g Fette (1g gesättigt), 10% Vitamin B3.

### 5. Selleriestangen mit Ziegenkäse und grünen Oliven

Garniere 3 mittlere Sellerie-Stangen mit 3 Esslöffel Ziegenkäse und 3 geschnittenen, grünen Oliven.

Nährwert: 102kcal, 4g Proteine, 6g Kohlehydrate (3g Ballaststoffe), 6g Fette (4g gesättigt), 12% Calcium, 45% Vitamin K, 18% Vitamin A, 12% Vitamin B9.

### 6. Joghurt mit getrockneten Goji Beeren

Vermische 150g fettreduzierten Joghurt mit 10g Goji-Beeren.

Nährwert: 134kcal, 7g Proteine, 19g Kohlehydrate (1g Ballaststoffe, 18% Zucker), 4g Fette (1g gesättigt), 27% Calcium, 24% Eisen, 13% Vitamin C, 19% Vitamin B2, 13% Vitamin B12.

### 7. Apfel und Erdnussbutter

Schneide einen kleinen Apfel und verteile einen Esslöffel cremige Erdnussbutter auf die Stücke.

Nährwert: 189kcal, 4g Proteine, 28g Kohlehydrate (5g Ballaststoffe, 20g Zucker), 8g Fette (1g gesättigt), 14% Vitamin C, 14% Vitamin B3.

## 8. Griechischer Joghurt mit Erdbeeren

Vermische 150g griechischer Joghurt mit 5 mittelgroßen Erdbeeren, die halbiert wurden.

Nährwert: 150kcal, 11g Proteine, 10g Kohlehydrate (10g Zucker), 8g Fette (5g gesättigt), 10% Calcium, 60% Vitamin C.

## 9. Nüsse-Mix

Vermische 10g Walnüsse, 10g Mandeln und 30g Rosinen.

Nährwert: 217kcal, 4g Proteine, 25g Kohlehydrate (2g Ballaststoffe, 17g Zucker), 13g Fette (1g gesättigt), 10% Magnesium.

## 10. Schinken und Selleriestangen

Umwickele 6 mittelgroße Selleriestangen mit 3 Scheiben Schinken und serviere das Ganze mit einem Teelöffel körnigem Senf.

Nährwert: 129kcal, 15g Proteine, 6g Kohlehydrate (6g Ballaststoffe), 3g Fette, 12% Calcium, 24% Vitamin A, 12% Vitamin C, 90% Vitamin K, 18% Vitamin B1, 12% Vitamin B2, 24% Vitamin B3, 15% Vitamin B6, 24% Vitamin B9.

### 11. Joghurt mit Tropischen Früchten

Gib 150g griechischer Joghurt zu ½ Tasse geschnittener Kiwi und ¼ Tasse geschnittener Mango.

Nährwert: 210kcal, 12g Proteine, 25g Kohlehydrate (2g Ballaststoffe, 19g Zucker), 8g Fette (5g gesättigt), 13% Calcium, 11% Vitamin A, 155% Vitamin C, 46% Vitamin K.

### 12. Heidelbeer-Joghurt

Verrühre 150 g fettreduzierten Joghurt mit ½ Tasse Heidelbeeren.

Nährwert: 136kcal, 8g Proteine, 21g Kohlehydrate (2g Ballaststoffe, 18g Zucker), 3g Fette (1g gesättigt), 27% Calcium, 13% Vitamin C, 18% Vitamin K, 21% Vitamin B2, 13% Vitamin B12.

### 13. Tasse Popcorn

Nährwert: 31kcal, 1g Proteine, 6g Kohlehydrate (1g Ballaststoffe).

### 14. Geröstete Kichererbsen

Nährwert pro 50g: 96kcal, 4g Proteine, 13g Kohlehydrate (4g Ballaststoffe, 2g Zucker), 3g Fette.

## SHAKEREZEPTE FÜR GEWICHTHEBER

## Tag 1

### Frühstück: Alles-in-einem-Shake

### Energie, Muskelaufbau-Shake

Wir wissen alle, wie hart es ist Muskeln zu gewinnen; wie brauchen immer etwas Hilfe bei diesem Problem. Hier ist also ein großartiger Shake um deinen Muskelaufbau zu steigern und gleichzeitig deinen Körper zu stärken. Du kannst ihn zu jeder Tageszeit trinken, aber wir empfehlen ihn zum Frühstück zu genießen.

### Zubereitung:

Vermische alle Zutaten in einem Entsafter oder in einer Küchenmaschine bei hoher Geschwindigkeit. Genieße anschließend einen leckeren Shake.

### Zutaten:

- Milch, 400 ml
- 2 Kellen Molkenprotein-Pulver
- 2 Bananen 140g

- 2 Esslöffel Mandelöl

- 1 Apfel

**Nährwertangabe:**

- Kalorien: 443

- Proteine: 32,5 g

- Kohlenhydrates: 45 g

- Fette: 16 g

## Tag 2

**Mittagessen: Werde-groß-Shake**

**Muskelaufbau-Shake**

Esse viel, um groß zu werden: das ist das Geheimnis um mehr Muskelmasse zu gewinnen, das hauptsächlich auf einem hohen Prozentsatz an Proteinen beruht. Um dieses Ziel zu erreichen, musst du dich sehr anstrengen und dich richtig ernähren Hier ist also ein guter Shakes um dir damit zu helfen

Zubereitung:

**Vermische alle Zutaten in einem Entsafter oder in einer Küchenmaschine bei hoher Geschwindigkeit. Genieße anschließend einen leckeren Shake.**

Zutaten:

- ½ Tasse ungesüßte Mandelmilch
- 2 Esslöffel Ahornsirup
- 2 gefrorene Bananen
- 1 Kelle Molkenprotein-Pulver
- 3 Esslöffel Mandelbutter

**Nährwertangabe:**

- Kalorien – 830

- Fette (total)- 30g ( gesundes Fett der Mandelbutter)

- Kohlenhydrate – 115g

- Ballaststoffe - 14g

- Kohlenhydrate (netto) -101 g

- Glutenfrei

- Proteine: 46 g

## Tag 3

### Frühstück: Kein-Pulver-Shake

### Muskelaufbau-Shake

Hol mit diesem großartigen Rezept das Meiste aus der Mischung heraus. Knapp dran und doch willst du dein Ernährungskontingent erreichen? Dieses wohlschmeckende Getränk kann in weniger als einer Minute zubereitet werden. Dein Körper braucht einen proteinreichen Milchshake „Super" für deine Muskeln, der dir eine ausgeglichene Balance aus Kohlenhydraten und Proteinen liefert. Und welche bessere Art gibt es als diese Zutaten-Mischung zu wählen?

### Zubereitung:

**Vermische alle Zutaten in einem Entsafter oder in einer Küchenmaschine bei hoher Geschwindigkeit. Genieße anschließend einen leckeren Shake.**

### Zutaten:

- 2 Esslöffel Mandelöl.
- 2 Esslöffel Erdnussbutter
- ½ - 1 Teelöffel Honig

- 1 mittlere Banane

- 2 Tassen Milch

- 2 Kellen Molkenprotein-Pulver

**Nährwertangabe:**

- Kalorien: 601

- Proteine: 49 g

- Kohlenhydrate: 63 g

- Fette: 25 g

## Tag 4

### Frühstück: Kaffee-Protein-Shake

### Muskelaufbau-Shake

Dieser Shake braucht nur wenige Sekunden, bis er fertig ist und wird ein sehr leckerer sein. Stell sicher, dass du alle Zutaten verwendest, vermische sie gut und serviere ihn nach einer Trainingseinheit. Muskelaufbau ist eines der schwersten Dinge, die man im Fitnessstudio erreichen kann. Daher ist jede Hilfe, die du bekommen kannst, definitiv die Anstrengung wert.

### Zubereitung:

**Vermische alle Zutaten in einem Entsafter oder in einer Küchenmaschine bei hoher Geschwindigkeit. Genieße anschließend einen leckeren Shake.**

### Zutaten:

- 2 Kellen Molkenprotein-Pulver
- 235 ml Coffee
- 235 ml 2%ige Milch
- 2 Esslöffel Karamell-Kaffeesahne

### Nährwertangabe:

- Kalorien: 398
- Proteine 58,4 g
- Kohlenhydrate 13,4 g
- Fette 6,4 g

# Tag 5

## Frühstück: Erdnussbutter-Protein-Shake

## Muskelaufbau-Shake

Dieser Shake eignet sich hervorragend um deine Leistung im Fitnessstudio zu verbessern und dein Muskelwachstum anzuregen. Gib die Zutaten in eine Küchenmaschine, bis sie weich sind. Du willst vielleicht Vollmilch verwenden oder aber zusätzliche Erdnussbutter, um diesen Protein-Shake in einen höhere Kalorienbombe zu verwandeln – das liegt ganz bei dir.

## Zubereitung:

**Vermische alle Zutaten in einem Entsafter oder in einer Küchenmaschine bei hoher Geschwindigkeit. Genieße anschließend einen leckeren Shake.**

## Zutaten:

- 235 ml leichte Milch
- 1 Banane
- 1 Esslöffel Erdnussbutter
- 2 Kellen Molkenprotein-Pulver

**Nährwertangaben:**

- Kalorien 498
- Proteine 58 g
- Kohlenhydrate 44,1 g
- Fette 11 g

# Tag 6

## Frühstück: Pinker-Super-Shake

## Muskelaufbau-Shake

Was einen massiven Gewichtszuwachs betrifft, ist es sehr wichtig, die richtige Menge an Kalorien zu konsumieren, um ein ausgewogenes Verhältnis aus Kohlenhydraten und Proteinen zu erreichen. Dadurch hast du genug Energie, um zu trainieren und ausreichend Proteine, damit sich deine Muskeln entwickeln können.

## Zubereitung:

**Vermische alle Zutaten in einem Entsafter oder in einer Küchenmaschine bei hoher Geschwindigkeit. Genieße anschließend einen leckeren Shake.**

## Zutaten:

- ¾ Tasse gefrorene Bio-Himbeeren
- ½ kleine Banane
- 1 Kelle Molkenprotein-Pulver
- ½ Esslöffel Kokosnussbutter
- 5 g Glutamin

- 1 Tasse Quellwasser

**Nährwertangaben:**

- Kalorien: 268

- Proteine : 16,5 g

- Kohlenhydrate: 44,5 g

- Fette 6,7 g

# Tag 7

### Frühstück: Bananen-Protein-Shake

### Muskelaufbau-Shake

Proteine sind die wichtigsten Nährstoffe für das Muskelwachstum. Sie gewährleisten, dass die Körperfunktionen richtig arbeiten. Sie versorgen selbstverständlich die größeren Muskeln von Gewichtheber ausreichend. Du folgst einem angepassten Training und ernährst dich gesund. Dieser Shake ist leicht zuzubereiten und verfügt über eine reichhaltige Dosis an Proteinen.

### Zubereitung:

Vermische alle Zutaten in einem Entsafter oder in einer Küchenmaschine bei hoher Geschwindigkeit. Genieße anschließend einen leckeren Shake.

### Zutaten:

- 235 ml leichte Milch
- 1 Banane
- ½ Tasse Hafer
- 2 Kellen Molkenprotein-Pulver

**Nährwertangabe:**

- Kalorien 554
- Proteine 58g
- Kohlenhydraten 67.5g
- Fette 6g

# Tag 8

### Frühstück: Bananen-Beeren-Protein-Shake

### Gewichtszunahme-Protein-Shake

Dies ist ein großartiger Shake um Stärke und Gewicht innerhalb kürzester Zeit zu erlangen – ohne Verzögerungen. Er ist gesund, natürlich und hat einen großen Einfluss auf deine Leistung im Fitnessstudio. Lass uns also die Zutaten näher anschauen und alles, was dieses Getränk dir bietet.

### Zubereitung:

**Vermische alle Zutaten in einem Entsafter oder in einer Küchenmaschine bei hoher Geschwindigkeit. Genieße anschließend einen leckeren Shake.**

### Zutaten:

- 355 ml Wasser
- 4 Eiswürfel
- 1 Banane
- 2 Kellen Molkenprotein

**Nährwertangaben:**

- Kalorien 314
- Proteine 45,1g
- Kohlenhydrate: 32,1g
- Fette 2,4g

# Tag 9

## Frühstück: Mandel-Bananen-Durst

## Gewichtszunahme-Shake

Steigere dein Muskelwachstum, indem du diesen Shake nutzt und spüre den Fortschritt am Tag nach deinem Training. Schaue, ob der Shake deiner Leistung gefördert hat. Du könntest ihn sogar in der Nacht davor zubereiten, um sicher zu gehen, dass die Zutaten noch besser verteilt sind.

## Zubereitung:

**Vermische alle Zutaten in einem Entsafter oder in einer Küchenmaschine bei hoher Geschwindigkeit. Genieße anschließend einen leckeren Shake.**

## Zutaten:

- 1 gefrorene, mittlere Banane
- 1 Tasse Naturjoghurt
- 100 ml eiskaltes Wasser
- 30 ml gemahlene Mandeln
- 1 Tasse roher Hafer

**Nährwertangaben:**

- Kalorien: 650
- Proteine: 53 g
- Kohlenhydrate: 75 g
- Fette: 15 g

# Tag 10

## Mittagessen: Zimt-Protein-Shake

## Muskelaufbau-Shake

Folge diesem Shake-Rezept um deinen Muskelzuwachs bei einer geringen Aufnahme an Fett zu steigern. Du kannst dieses Getränk zu jeder Tageszeit trinken.

## Zubereitung:

Vermische alle Zutaten in einem Entsafter oder in einer Küchenmaschine bei hoher Geschwindigkeit. Genieße anschließend einen leckeren Shake.

## Zutaten:

- 1 Tasse leichte Milch
- 1 gefrorene Banane
- 1 Kelle Molkenprotein-Pulver
- 1 Esslöffel Erdnussbutter

## Nährwertangaben:

- Kalorien: 391
- Proteine: 38g

- Kohlenhydrate: 42,1g
- Fette: 10g

# Tag 11

### Frühstück: Starker-Gewinner-Shake

### Gewichtszunahme-Shake

Hier ist ein großartiger Shake, der dir einen riesigen Energieschub verleiht und außerdem dein Muskelwachstum steigern wird. Sei also bereit für eine großartige Erfahrung, die deine Trainingseinheiten verbessern wird.

### Zubereitung:

**Vermische alle Zutaten in einem Entsafter oder in einer Küchenmaschine bei hoher Geschwindigkeit. Genieße anschließend einen leckeren Shake.**

### Zutaten:

- 295-415 ml reines Wasser
- 1/2 Tasse roher Mandeln
- 1/2 große, gefrorene Banane
- 2 Kellen Molkenprotein-Pulver

### Nährwertangaben:

- Kalorien: 380
- Proteine: 75 g
- Kohlenhydrate: 57 g
- Fette: 15 g

# Tag 12

## Frühstück: Extreme-Energie-Shake

## Gewinn-Gewicht-und-Energie-Shake

Wenn du Ausschau hältst nach etwas, das dich mit zusätzlicher Energie versorgt und nebenbei dein Muskelwachstum anregt, dann solltest du dieses Rezept testen. Dieser Shake ist voller gesunder Zutaten. Grüner Tee soll Krebs verhindern und Leinsamen versorgen doch mit einer guten Portion Omega 3, das wichtig für deine körperliche Entwicklung ist.

## Zubereitung:

**Vermische alle Zutaten in einem Entsafter oder in einer Küchenmaschine bei hoher Geschwindigkeit. Genieße anschließend einen leckeren Shake.**

## Zutaten:

- 295 ml reines Wasser
- 10 Erdbeeren (frisch oder gefroren)
- 1 Esslöffel Leinsamen-Öl
- ½ Teelöffel Grüner-Tee-Pulver

- 1/2 Teelöffel Vanilleextrakt

- 1 Kelle Molkenprotein-Pulver

**Nährwertangabe:**

- Kalorien: 420

- Proteine: 50 g

- Kohlenhydrate: 42 g

- Fette: 17 g

# Tag 13

## Abendessen: Pfirsich-Shake

### Muskelaufbau-Shake

Die Pfirsiche in diesem Shake geben ihm einen großartigen Geschmack und der Ziegenkäse ist ein exzellenter Proteinlieferant und zudem leicht verdaulich. Die beste Tageszeit um diesen Shake zu trinken ist am Morgen, aber du kannst ihn auch zu jeder anderen Zeit trinken.

### Zubereitung:

**Vermische alle Zutaten in einem Entsafter oder in einer Küchenmaschine bei hoher Geschwindigkeit. Genieße anschließend einen leckeren Shake.**

### Zutaten:

- 235 ml reines Wasser
- 1 reife Pfirsich
- 2 Teelöffel fettreduzierten Ziegenkäse
- Brauner Zucker
- 1,5 Kellen Molkenprotein-Pulver

**Nährwertangaben:**

- Kalorien: 250

- Proteine: 40 g

- Kohlenhydrate: 21 g

- Fette: 8 g

# Tag 14

## Frühstück: Heidelbeer-Shake

## Muskelaufbau-Shake

Lass uns den Tag mit einem großartigen Shake beginnen, der dein Energielevel hoch halten wird und dich mit der erforderlichen Proteinmenge versorgen wird, damit du deine Muskeln in einer kürzeren Zeit aufbauen kannst. Heidelbeeren sind bekannt dafür, gute Antioxidantien zu sein und Krebs zu verhindern.

## Zubereitung:

Vermische alle Zutaten in einem Entsafter oder in einer Küchenmaschine bei hoher Geschwindigkeit. Genieße anschließend einen leckeren Shake.

## Zutaten:

- 295 ml reines Wasser
- 1/2 Tasse frische oder gefrorene Heidelbeeren
- 1,5 Kellen Molkenprotein-Pulver
- 2 Teelöffel Leinsamen-Öl

## Nährwertangaben:

- Kalorien: 210 g
- Proteine: 39g
- Kohlenhydrate: 22 g
- Fette: 4 g

# Tag 15

## Frühstück: Erdbeer-Shake

**Muskelaufbau-Shake**

Es gibt keinen besseren Weg beim Versuch Muskeln aufzubauen, schnelle Resultate zu erzielen, als Shakes auszuprobieren. Dieses Shake-Rezept wird sehr lecker schmecken aufgrund der Kombination von Erdbeeren und Ziegenkäse.

**Zubereitung:**

**Vermische alle Zutaten in einem Entsafter oder in einer Küchenmaschine bei hoher Geschwindigkeit. Genieße anschließend einen leckeren Shake.**

**Zutaten:**

- 295 ml reines Wasser
- 8 gefrorene Erdbeeren
- 4 Teelöffel fettreduzierten Ziegenkäse
- 1,5 Kellen Molkenprotein-Pulver

**Nährwertangaben:**

- Kalorien: 310 g

- Proteine: 51g

- Kohlenhydrate: 27g

- Fette: 7 g

# Tag 16

**Frühstück: Bananenfreud-Shake**

**Muskelaufbau-Shake**

Kombiniere die folgenden Zutaten um einen Shake zu erhalten, der reich an Omega 3 und Kalium ist, was dein Muskelwachstum unterstützt und dir außerde einen gesunden Körper beschert.

**Zubereitung:**

Vermische alle Zutaten in einem Entsafter oder in einer Küchenmaschine bei hoher Geschwindigkeit. Genieße anschließend einen leckeren Shake.

**Zutaten:**

- 235 ml reines Wasser
- 1/2 Banane (gefroren)
- 2 Kellen Molkenprotein-Pulver
- 2 Teelöffel Leinsamen-Öl

**Nährwertangaben:**

- Kalorien: 350 g

- Proteine: 65g
- Kohlenhydrate: 29g
- Fette: 9 g

# Tag 17

## Frühstück: Ananas-Shake

**Muskelaufbau-Shake**

Versuche dieses wundervolle Shake-Rezept, das für seine schnellen Ergebnisse und seinen köstlichen Geschmack bekannt ist. Es eignet sich hervorragend, um dir beim Muskelaufbau zu helfen und wird einen verstärkenden Effekt auf dein Immunsystem haben.

**Zubereitung:**

**Vermische alle Zutaten in einem Entsafter oder in einer Küchenmaschine bei hoher Geschwindigkeit. Genieße anschließend einen leckeren Shake.**

**Zutaten:**

- 1 Tasse Ananassaft
- 3 Erdbeeren
- 1 Banane
- 1 Teelöffel Joghurt
- 1 Kelle Molkenprotein-Pulver

**Nährwertangaben:**

- Kalorien: 340 g
- Proteine: 63g
- Kohlenhydrate: 27g
- Fette: 10 g

# Tag 18

### Frühstück: Muskel-Shake

### Muskelaufbau-Shake

Hast du Probleme damit, größere Muskeln zu bekommen? Wenn die Antwort ja ist, solltest du dieses Shake-Rezept ausprobieren, das sofortige Ergebnisse in deinem Training zeigt und dich den ganzen Tag mit Energie versorgt.

### Zubereitung:

**Vermische alle Zutaten in einem Entsafter oder in einer Küchenmaschine bei hoher Geschwindigkeit. Genieße anschließend einen leckeren Shake.**

### Zutaten:

- 1 Tasse fettreduzierte Milch
- 1/2 Tasse fettreduzierter Naturjoghurt
- 1 Banane, geschnitten
- 2 Esslöffel Molkenprotein-Pulver
- 6 Erdbeeren, geschnitten
- 1 Teelöffel Weizenkeime

- 1 Esslöffel Honig oder Ahornsirup

- 1/4 Tasse gefrorener Beeren

- Etwas Muskat oder Johannisbrot-Pulver

**Nährwertangaben:**

- Kalorien: 600

- Proteine: 70g

- Kohlenhydrate: 54g

- Fette: 15 g

# Tag 19

### Frühstück: Haferflocken-Shake

### Muskelaufbau-Shake

Das ist ein großartiges Rezept um Muskelmasse zu gewinnen und dein Herz zu schützen. Es wird dir helfen, den ganzen Tag über wachsam zu sein. Probiere es aus.

### Zubereitung:

Vermische alle Zutaten in einem Entsafter oder in einer Küchenmaschine bei hoher Geschwindigkeit. Genieße anschließend einen leckeren Shake.

### Zutaten:

- 2 Kellen Molkenprotein-Pulver
- 1 Tasse ungesüßtes Vanilleeis
- 1 Tasse Hafer
- 2 Tassen fettreduzierte Milch
- 1,2 Tassen Wasser
- Ein Spritzer Pfefferminzextrakt

## Nährwertangaben:

- Kalorien: 621

- Proteine: 65g

- Kohlenhydrate: 58g

- Fette: 22 g

# Tag 20

## Abendessen: Tropischer Shake

## Muskelaufbau-Shake

Dies ist einer der leckersten Shakes, die ich je probiert habe und ich bin sicher, dass du ohne genießen wirst. Die Mischung aus Banane, Ananas und Kokosnuss verleiht ihm einen tropischen Geschmack. Am besten trinkst du ihn am Morgen oder am späten Vormittag. Die Bananen müssen nicht gefroren sein, sie können Raumtemperatur haben. Einige Menschen ziehen es jedoch vor, wenn der Shake kalt ist, wenn sie gerade ihr Workout beendet haben.

**Zubereitung:**

**Vermische alle Zutaten in einem Entsafter oder in einer Küchenmaschine bei hoher Geschwindigkeit. Genieße anschließend einen leckeren Shake.**

**Zutaten:**

- 235 ml reines Wasser
- 1/2 Teelöffel Ananasextrakt
- 1/2 Teelöffel Kokosnussextrakt

- 1 Esslöffel Ziegenkäse
- 1/2 gefrorene Banane

**Nährwertangaben:**

- Kalorien: 540
- Proteine: 25g
- Kohlenhydrate: 43g
- Fette: 17g

# Tag 21

## Abendessen: Frucht-Shake

## Muskelaufbau-Shake

Proteine sind der Schlüssel zum Muskelwachstum und zur Erholung. Stell sicher, dass du diesen Shake zu einer beliebigen Tageszeit probierst. Dieser Beeren-Shake hat viele antioxidantische Qualitäten, die dir zu Gute kommen, da du alterst und dich vor Krankheiten schützen willst. Das kann sehr wichtig sein, weil du es dir nicht leisten kannst wochenlang de Workout fern zu bleiben.

## Zubereitung:

**Vermische alle Zutaten in einem Entsafter oder in einer Küchenmaschine bei hoher Geschwindigkeit. Genieße anschließend einen leckeren Shake.**

## Zutaten:

- 2 Kellen Molkenprotein-Pulver
- 4 große Erdbeeren
- Heidelbeeren ( eine kleine Hand voll)
- Wasser (nur einige Tropfen)

- 3 Eier

**Nährwertangaben:**

- Kalorien: 470

- Proteine: 45g

- Kohlenhydrate: 39g

- Fette: 15g

# Tag 22

## Frühstück: Apfelkuchen-Freude-Shake

## Muskelaufbau-Shake

Sportler, die mehr Protein konsumieren, werden mehr Muskelmasse gewinnen als sitzende Leute, weil sie das Wachstumspotential maximieren. Versuch also zu sicher zu stellen, dass du diesen Shake kurz vor oder kurz nach einer Trainingseinheit zu dir nimmst. Die Mischung aus den Geschmäckern von Apfel, Zimt und Muskat gibt dem Shake eine einzigartige Note, die in anderen Shakes nicht gefunden werden kann.

## Zubereitung:

**Vermische alle Zutaten in einem Entsafter oder in einer Küchenmaschine bei hoher Geschwindigkeit. Genieße anschließend einen leckeren Shake.**

## Zutaten:

- 1 Kelle Molkenprotein-Pulver
- 1 geschälter und entkernter Apfel, in Stücke geschnitten
- 1 1/2 Tassen Milch

- 1/2 Teelöffel Zimt
- 1/2 Teelöffel Muskat
- 5 Eiswürfel

**Nährwertangaben:**

- Kalorien: 350
- Proteine: 35g
- Kohlenhydrate: 21g
- Fette: 10g

# Tag 23

### Frühstück: Kürbis-Shake

### Wenig-Kohlenhydrate-Shake

Hier kommt ein Shake, der ein guter Proteinlieferant ist und dich mich über den Tag hinweg mit viel Energie versorgt. Das Leinen-Öl und der Joghurt liefern dir viele Inhaltsstoffe für deinen Körperfunktionen und geben diesem Shake einen Schub an Calcium und Omega 3.

### Zubereitung:

**Vermische alle Zutaten in einem Entsafter oder in einer Küchenmaschine bei hoher Geschwindigkeit. Genieße anschließend einen leckeren Shake.**

### Zutaten:

- 2 Kellen Molkenprotein-Pulver
- 235 ml Wasser
- 1 Esslöffel Leinen-Öl
- 1 Teelöffel Kürbiskuchen-Gewürz
- 235 ml Joghurt
- 4-6 Eiswürfel

## Nährwertangaben:

- Kalorien: 300
- Proteine: 40g
- Kohlenhydrate: 26g
- Fette: 11g

# Tag 24

## Frühstück: Zimt-Shake

### Muskelaufbau-Shake

Das ist ein Shake, den du am frühen Morgen vor einer Trainingseinheit zu dir nehmen solltest, weil er ein guter Energielieferant ist und den Muskelaufbau beschleunigen wird.

**Zubereitung:**

Vermische alle Zutaten in einem Entsafter oder in einer Küchenmaschine bei hoher Geschwindigkeit. Genieße anschließend einen leckeren Shake.

**Zutaten:**

- 1 Knäckebrot
- 1/2 Teelöffel Zimt
- Vanilleextrakt
- 355 ml Wasser
- 4 Eiswürfel

**Nährwertangaben:**

- Kalorien: 280
- Proteine: 10g
- Kohlenhydrate: 15g
- Fette: 5g

## Tag 25

### Frühstück: Erdnussbutter-Bananen-Shake

### Muskelaufbau-Shake

Erdnussbutter ist eine reichhaltige Quelle für Protein und Energie. Viele Sportler verwenden Erdnussbutter als Hauptlieferant für Energie vor dem Training oder einem Wettkampf. Banane und Mandel verbessern den Geschmack und machen den Shake bekömmlicher.

### Zubereitung:

**Vermische alle Zutaten in einem Entsafter oder in einer Küchenmaschine bei hoher Geschwindigkeit. Genieße anschließend einen leckeren Shake.**

### Zutaten:

- 2 Kellen Molkenprotein-Pulver
- 100g Mandelstücke
- 1 Esslöffel Erdnussbutter
- 500ml leichte Milch
- Hälfte einer Banane
- 1 Esslöffel Honig

## Nährwertangaben:

- Kalorien: 600
- Proteine: 55g
- Kohlenhydrate: 35g
- Fette: 10g

# Tag 26

### Frühstück: Super-Mix-Shake

### Muskelaufbau-Shake

Abhängig von deinem Stoffwechsel wirst du dich an einige Shakes besser anpassen als an andere. Für diejenigen von euch, die einen süßeren Shake bevorzugen, ist dieser hier eine gute Wahl. Du kannst dich einige Zutaten frei wählen, deinen Geschmack deiner Wahl zu finden wie Karamell, Haselnuss oder Vanillejoghurt.

### Zubereitung:

**Vermische alle Zutaten in einem Entsafter oder in einer Küchenmaschine bei hoher Geschwindigkeit. Genieße anschließend einen leckeren Shake.**

### Zutaten:

- 10 Eiswürfel
- 355 ml fettreduzierte Milch
- 2 Esslöffel fettreduzierter Vanillejoghurt oder Kefir
- 1 Esslöffel fettreduzierte Erdnussbutter

- 2 Esslöffel Haselnüsse
- 1 Esslöffel Karamelleis

**Nährwertangabe:**

- Kalorien: 430
- Proteine: 23g
- Kohlenhydrate: 20g
- Fette: 11g

## Tag 27

### Frühstück: Magerer Bananen-Shake

### Muskelaufbau-Shake

Menschen, die einem Ernährungsplan oder –routine folgen, um Muskeln zu gewinnen, werden noch viel mehr davon profitieren, wenn sie diesen Muskel-Shake darin aufnehmen. Der Shake ist leicht zuzubereiten und der Körper kann die gelieferten Proteine und Nährstoffe schnell absorbieren.

### Zubereitung:

**Vermische alle Zutaten in einem Entsafter oder in einer Küchenmaschine bei hoher Geschwindigkeit. Genieße anschließend einen leckeren Shake.**

### Zutaten:

- 1/2 gefrorene Banane
- 2 Esslöffel Schlagsahne (einen Becher, keine Sprühdose)
- 2 Eier
- 295 – 355 ml Wasser

- 4-6 Eiswürfel

**Nährwertangaben:**

- Kalorien: 320
- Proteine: 18g
- Kohlenhydrate: 15g
- Fette: 9g

# Tag 28

## Abendessen: Süßer Schub-Shake

## Muskelaufbau-Shake

Hier ist ein großartiges Beispiel für ein Shake-Rezept, das ganz verschiedene Zutaten beinhaltet, aber zusammen sind diese eine reichhaltige Quelle an Proteinen. Das wird deine Leistung im Fitnessstudio steigern.

## Zubereitung:

Vermische alle Zutaten in einem Entsafter oder in einer Küchenmaschine bei hoher Geschwindigkeit. Genieße anschließend einen leckeren Shake.

## Zutaten:

- 1 mittlere bis große Banane
- 235 ml leichte Milch
- 1 Esslöffel Leinsamen-Mandel-Mischung
- 1 Teelöffel Ahornsirup
- Einige Tropfen einer Vanilleessenz/eines Vanilleextraktes
- 3-4 Eiswürfel

- 1 Esslöffel fettreduzierter Naturjoghurt

**Nährwertangaben:**

- Kalorien: 450

- Proteine: 19g

- Kohlenhydrate: 16g

- Fette: 10g

# Tag 29

## Frühstück: Orangen-Shake

### Muskelaufbau-Shake

Lass uns den Tag mit einem himmlischen Shake beginnen, um dein Immunsystem in Schwung zu bringen und dir beim Muskelwachstum zu helfen. Dieses Rezept enthält viel Vitamin C und Kalium aufgrund der Erdbeeren und des Orangensaftes, die dir helfen, dass sich deine Muskeln schnell erholen.

### Zubereitung:

**Vermische alle Zutaten in einem Entsafter oder in einer Küchenmaschine bei hoher Geschwindigkeit. Genieße anschließend einen leckeren Shake.**

### Zutaten:

- 235 ml Orangensaft
- 4-5 Eiswürfel
- 1 Teelöffel Vanilleextrakt
- ½ Banane
- 2-3 gefrorene Erdbeeren

- 2 Teelöffel Honig

**Nährwertangaben:**

- Kalorien: 291

- Proteine: 15g

- Kohlenhydrate: 12g

- Fette: 5g

# Tag 30

### Frühstück: Mandel-Shake-Explosion

**Muskelaufbau-Shake**

Vertrau darauf eine bessere Verdauung zu haben, nachdem du diesen Shake mit seiner Kombination aus Haferflocken, Rosinen, Mandeln und Erdnussbutter gekostet hast. Die Rosinen verleihen ihm einen großartigen Geschmack und die Haferflocken sind für eine andere Struktur verantwortlich als bei den restlichen Shakes.

**Zubereitung:**

**Vermische alle Zutaten in einem Entsafter oder in einer Küchenmaschine bei hoher Geschwindigkeit. Genieße anschließend einen leckeren Shake.**

**Zutaten:**

- 295-355 ml leichte Milch
- 1,2 Tassen roher Haferflocken
- 1,2 Tassen Rosinen
- 12 gemahlene Mandeln

- 1 Esslöffel Erdnussbutter

**Nährwertangaben:**

- Kalorien: 380
- Proteine: 18g
- Kohlenhydrate: 15g
- Fette: 12g

# Tag 31

### Frühstück: Wilde-Beeren-Shake

### Muskelaufbau-Shake

Himbeeren sind bekannt dafür, dass sie reich an Vitamin C und Antioxidantien sind, wovon einige Ärzte behaupten, dass sie eine Anti-Krebs Ergänzung zu deinem normalen, täglichen Essen und Gerichte darstellen. Es ist die perfekte Mischung für diejenigen, die Muskeln und Stärke gewinnen wollen. Du kannst einen gewöhnlichen Snack mit diesem gesunden Getränk ersetzen, der nicht besonders reich an Proteinen ist, der dir aber hilft, dir eine Pause zu verschaffen von all den anderen proteinreichen Shakes, die du täglich zu dir nimmst.

### Zubereitung:

**Vermische alle Zutaten in einem Entsafter oder in einer Küchenmaschine bei hoher Geschwindigkeit. Genieße anschließend einen leckeren Shake.**

### Zutaten:

- 8 Himbeeren
- 4 Erdbeeren

- 15 Heidelbeeren

- 475 ml fettreduzierte Milch

- 1/2 Tasse Eiswürfel

**Nährwertangaben:**

- Kalorien: 210

- Proteine: 9g

- Kohlenhydrate: 10g

- Fette: 8g

# Tag 32

## Frühstück: Erdnuss-Bananen-Shake

## Muskelaufbau-Shake

Im Kontext der Ernährung ist dieser Shake reich an mageren Proteinen und komplexen Kohlenhydraten, o dass er dein Muskelwachstum und –aufbau anregt. Er wird dir außerdem während des Trainings einen Energieschub verleihen, wenn du ihn eine halbe Stunde zuvor einnimmst.

## Zubereitung:

**Vermische alle Zutaten in einem Entsafter oder in einer Küchenmaschine bei hoher Geschwindigkeit. Genieße anschließend einen leckeren Shake.**

## Zutaten:

- ½ Tasse Erdnüsse
- 1/2 Banane
- 1 Tasse leichte Milch
- 1/4 Tasse Frühstücksflocken
- 2 Eiswürfel

- Etwas Salz

**Nährwertangabe:**

- Kalorien: 230

- Proteine: 18g

- Kohlenhydrate: 12g

- Fette: 5g

# Tag 33

## Frühstück: Karotten-Ananas-Shake

### Muskelaufbau-Shake

Dieser Shake sieht in euren Augen vielleicht etwas seltsam aus, aber glaubt mir, er tut euch und eurem Körper Gutes. Du kannst die Portionen einiger Zutaten je nach Belieben erhöhen oder erniedrigen, da diese Mischung etwas anders ist als die anderen.

### Zubereitung:

**Vermische alle Zutaten in einem Entsafter oder in einer Küchenmaschine bei hoher Geschwindigkeit. Genieße anschließend einen leckeren Shake.**

### Zutaten:

- 1 Tasse Schokoladenmilch
- 3/4 Tasse gemahlener Karotten
- 10 gefrorene Ananas-Stücke
- 2 Teelöffel ungesüßte, gestückelte Kokosnuss
- 1 Teelöffel Vanille
- 1 Teelöffel Süßrahm

- 120 ml Neufchatel Käse oder Streichkäse

**Nährwertangaben:**

- Kalorien: 220

- Proteine: 21g

- Kohlenhydrate: 13g

- Fette: 13g

## Tag 34

### Abendessen: Kürbis-Shake

### Muskelaufbau-Shake

Ein gutes Shake-Rezept um die Muskeln aufzubauen und zu stärken mit einem einzigartigen Geschmack, wodurch es Spaß macht, diesen Shake zu trinken, während man gleichzeitig eine gemäßigte Menge an Proteinen zu sich nimmt. Es ist die perfekte Ergänzung für den Muskelaufbau und –wachstum.

### Zubereitung:

Vermische alle Zutaten in einem Entsafter oder in einer Küchenmaschine bei hoher Geschwindigkeit. Genieße anschließend einen leckeren Shake.

### Zutaten:

- 3/4 Tasse Milch (welche Art, du magst)
- 1/4 Tasse Kürbis aus der Dose
- 1 Esslöffel Sirup mit Kürbiskuchengeschmack
- 1/2 Teelöffel Kürbiskuchen-Gewürz
- 10 Eiswürfel

**Nährwertangabe:**

- Kalorien: 235

- Proteine: 20g

- Kohlenhydrate: 17g

- Fette: 1,5g

# Tag 35

### Frühstück: Heidelbeer-Apfel-Shake

### Energieschub-Shake

Ein hohes Energielevel zu bewahren, ist das Ziel dieses Shakes. Er wird dich außerdem mit einigen mageren Proteinen versorgen, die dir helfen werden, selbst wenn du an diesem Tag etwas müde bist oder aber wenn du dich an diesem Tag noch härter antreiben willst.

### Zubereitung:

**Vermische alle Zutaten in einem Entsafter oder in einer Küchenmaschine bei hoher Geschwindigkeit. Genieße anschließend einen leckeren Shake.**

### Zutaten:

- 1/2 kleiner Apfel, in kleine Stücke geschnitten (mit Schale)
- 1/2 Tasse Beeren (dunkel, süß, entkernt)
- 1/2 Tasse Heidelbeeren
- 4 Esslöffel Weizenkeime
- Eiswürfel (nach Belieben)

- 1/2 Tasse Weizenprotein

**Nährwertangaben:**

- Kalorien:300
- Proteine: 39g
- Kohlenhydrate: 18g
- Fette: 5g

# Tag 36

## Frühstück: Kirsche-Bananen-Shake

### Energieschub-Shake

Zwei wohlschmeckende Zutaten in einem Shake. Kirschen und Bananen beinhalten sehr viele Ballaststoffe, die dein Körper braucht, wenn du eine große Menge an Proteinen zu dir nimmst. Versuch dieses Getränk vor einer Trainingseinheit – Tag und Nacht.

### Zubereitung:

**Vermische alle Zutaten in einem Entsafter oder in einer Küchenmaschine bei hoher Geschwindigkeit. Genieße anschließend einen leckeren Shake.**

### Zutaten:

- 1/2 Tasse Kirschen (dunkel, süß, entkernt)
- 1/2 Tasse Bananen
- 4 Esslöffel Weizenkeime
- Eiswürfel (nach Belieben)
- 1/2 Tasse Weizenprotein

### Nährwertangaben:

- Kalorien: 300

- Proteine: 39g

- Kohlenhydrate: 18g

- Fette: 5g

# Tag 37

## Frühstück: Eier-Manie-Shake

### Muskelaufbau-Shake

Du kannst ein Muskelaufbau-Shakerezept erhalten, das ganz ohne Proteinpulver auskommt und trotzdem eine ausreichende Menge Proteinen liefert. Die Kichererbsen verleihen ihm eine grüne Farbe, aber sie verändern den Geschmack nicht. Das ist eine großartige Kombination aus Proteinen und Kohlehydraten.

### Zubereitung:

Vermische alle Zutaten in einem Entsafter oder in einer Küchenmaschine bei hoher Geschwindigkeit. Genieße anschließend einen leckeren Shake.

### Zutaten:

- 4 Eiweiß
- 1/2 Tasse Ziegenkäse
- 1 Banane
- 1/4 Tasse Kichererbsen
- Ananas-Stücke

- Kokosnussmilch

- Kokosnussextrakt kann hinzugefügt werden

- Eiswürfel

**Nährwertangaben:**

- Kalorien:280

- Proteine: 25g

- Kohlenhydrate: 40g

- Fette: 4g

# Tag 38

### Frühstück: Hoher-Protein-Shake

### Muskelaufbau-Shake

Verbessere deine Leistung im Fitnessstudio, indem du die Menge an Proteinen steigerst, die du täglich zu dir nimmst. Dieser Shake ist reich an Porteinen und sehr geschmackvoll.

### Zubereitung:

**Vermische alle Zutaten in einem Entsafter oder in einer Küchenmaschine bei hoher Geschwindigkeit. Genieße anschließend einen leckeren Shake.**

### Zutaten:

- 1/2 Tasse Wasser
- 1 Kelle Molkenprotein-Pulver
- 2 Esslöffel Honig
- 1 Esslöffel geschmeidige Erdnussbutter
- 1/2 Eiswürfel

## Nährwertangaben:

- Kalorien:114

- Proteine: 34g

- Kohlenhydrate: 5,2g

- Fette: 4,5g

# Tag 39

## Frühstück: Früchtemix-Shake

**Muskelaufbau-Shake**

Dieses Shake-Rezept kann ganz einfach dein Frühstück ersetzen, aber beinhaltet trotzdem eine gesunde Portion an Nährstoffen, um deinen Körper ausreichend zu versorgen. Es beinhaltet viele Nährstoffe, die dein Körper braucht, um einen guten Start in den Morgen zu haben. Proteine und Kohlenhydrate sind in diesem Rezept inbegriffen, damit sie dir Energie und Stärke während des Trainings verleihen.

**Zubereitung:**

Vermische alle Zutaten in einem Entsafter oder in einer Küchenmaschine bei hoher Geschwindigkeit. Genieße anschließend einen leckeren Shake.

**Zutaten:**

- 1/2 Banane, gewürfelt
- 1/2 Tasse gewürfelter Erdbeeren
- 1 kleiner Apfel
- 1 kleine Pflaume

- 1 Tasse Schokoladenmilch

- 1 Esslöffel geschmeidige Erdnussbutter

- 1 Kelle Molkenprotein-Pulver

**Nährwertangaben:**

- Kalorien:700

- Proteine: 46g

- Kohlenhydrate: 90g

- Fette: 20g

# Tag 40

## Frühstück: Schoko-Shake

## Muskelaufbau-Shake

Eine großartige Art und Weise um dunkle Schokolade mit den richtigen Zutaten zu vereinen, um einen Shake zu kreieren, der deine Leistung im Fitnessstudio sowie dein Muskelwachstum steigert.

**Zubereitung:**

**Vermische alle Zutaten in einem Entsafter oder in einer Küchenmaschine bei hoher Geschwindigkeit. Genieße anschließend einen leckeren Shake.**

**Zutaten:**

- 1 Riegel dunkle Schokolade
- 4 Eier
- 3 Tassen Milch
- 1 Kellen Molkenprotein-Pulver

**Nährwertangaben:**

- Kalorien: 290

- Proteine: 45g

- Kohlenhydrate: 37g

- Fette: 19g

## Tag 41

### Frühstück: Von-Jedem-Etwas-Shake

### Muskelaufbau-Shake

Dieses Shake-Rezept ist eine ausgezeichnete Quelle für Proteine und Ballaststoffe, die dein Körper braucht. Er steckt voller Nährstoffe und Vitaminen, die dir sowohl zu größeren Muskeln als auch zu mehr Energie verhelfen, wenn du trainierst.

### Zubereitung:

**Vermische alle Zutaten in einem Entsafter oder in einer Küchenmaschine bei hoher Geschwindigkeit. Genieße anschließend einen leckeren Shake.**

### Zutaten:

- Trauben, 4 Trauben, kernlos
- Brombeeren, frisch, 0,5 gramm
- Heidelbeeren, frisch, 25 Beeren
- Erdbeeren, frisch, 0,5 gramm
- Ananas, frisch, 1 Scheibe, dünn (9 cm Durchmesser x 1, 5 cm dick)

- Äpfel, frisch, 10 gramm

- Joghurt, natur, fettreduziert, 120 ml

- Kohl, 0,5 gramm

- Broccoli, frisch, 1 Stange

- Orangen, 0,5 gramm

- 1 Kelle Molkenprotein-Pulver

**Nährwertangaben:**

- Kalorien: 280

- Proteine: 48g

- Kohlenhydrate: 31g

- Fette: 4,2g

# Tag 42

## Frühstück: Wach-jetzt-auf-Shake

## Muskelaufbau-Shake

Auf diese Art solltest du den Tag beginnen: Energie ist das passende Wort für diesen Shake, aber denk nicht, dass er nicht gut sei um Muskeln aufzubauen, weil du damit falsch liegst.

### Zubereitung:

Vermische alle Zutaten in einem Entsafter oder in einer Küchenmaschine bei hoher Geschwindigkeit. Genieße anschließend einen leckeren Shake.

### Zutaten:

- 1 frische Banane, mittel
- 2 Portionen (60 g) Haferflocken
- 1-2 Esslöffel Erdnussbutter, geschmeidig
- 1 Tasse (250 ml) Joghurt, natur, fettreduziert (0% - 1,5)
- 0,5 Esslöffel (oder weniger) Zimt, gemahlen

### Nährwertangaben:

- Kalorien:650

- Proteine: 28g

- Kohlenhydrate: 85g

- Fette: 10g

# Tag 43

## Abendessen: Mango-Tango-Shake

## Muskelaufbau-Shake

Das ist ein großartiger Shake, den du an anderen Tagen hinzufügen kannst, so dass du zwei Shakes pro Tag zu dir nimmst, da er reich an Ballaststoffen ist und nur wenig Fett hat. Dieser magere Shake wird dir helfen, im Fitnessstudio jegliche Müdigkeit zu vertreiben und deine Leistung zu verbessern.

## Zubereitung:

Vermische alle Zutaten in einem Entsafter oder in einer Küchenmaschine bei hoher Geschwindigkeit. Genieße anschließend einen leckeren Shake.

## Zutaten:

- 2 große Erdbeeren, frisch oder gefroren
- 10 Heidelbeeren, frisch oder gefroren
- 1 Tasse Orangensaft
- 1/2 Mango, frisch oder gefroren
- 1 Kelle Molkenprotein-Pulver

## Nährwertangaben

- Kalorien:250

- Proteine: 30.5g

- Kohlenhydrate: 52g

- Fette: 8.4g

## Tag 44

### Frühstück: Ananas-Mandarinen-Shake

### Muskelaufbau-Shake

Um Muskeln zu gewinnen gibt es kein Geheimnis. Du musst trainieren und dich richtig ernähren! Du wirst straucheln, wenn du nicht genug Energie während des Trainings hast und darum gib Zutaten dazu, die dir einen Schub verleihen, wenn es sein muss. Das macht den Unterschied, wenn du versuchst, stärkere Muskeln zu erhalten.

### Zubereitung:

**Vermische alle Zutaten in einem Entsafter oder in einer Küchenmaschine bei hoher Geschwindigkeit. Genieße anschließend einen leckeren Shake.**

### Zutaten:

- 1/2 Tasse Ananas, gefrorene Stücke
- 1/2 Tasse Mandarinen, (Mandarinen, Orangen) in Dosen
- 2 Teelöffel Honig
- 1 Kelle Molkenprotein-Pulver

**Nährwertangaben:**

- Kalorien:150
- Proteine: 39g
- Kohlenhydrate: 17g
- Fette: 11g

# Tag 45

## Frühstück: Erdnussbutter-Apfel-Shake

## Muskelaufbau-Shake

Shakes können eine große Quelle an Kalorien und Energie sein, was wichtig ist, um Muskelmasse anzulegen. Dieser lecker schmeckende Shake wurde kreiert, um dir zu helfen, dein Muskelwachstum zu steigern und dein Energielevel auf einem hohen Niveau zu halten.

## Zubereitung:

**Vermische alle Zutaten in einem Entsafter oder in einer Küchenmaschine bei hoher Geschwindigkeit. Genieße anschließend einen leckeren Shake.**

## Zutaten:

- 3/4 Tasse Natur- oder Vanillejoghurt
- 2 Esslöffel Erdnussbutter
- 1 Banane
- 1/8 Tasse Milch
- 3/4 Tasse Eis

- 1 Apfel

**Nährwertangaben:**

- Kalorien:440

- Proteine: 22g

- Kohlenhydrate: 50g

- Fette: 19g

# Tag 46

## Frühstück: Bananen-Super-Shake

## Muskelaufbau-Shake

Die Vanille-Mandel-Milch wird dies zu einem großartigen Protein-Shake machen. Er regt das Muskelwachstum an ohne deine Ernährung ins Ungleichgewicht zu überführen. Du kannst die Menge an Zimt reduzieren oder ganz weglassen, um diesem Shake deine persönliche Note zu verleihen.

### Zubereitung:

**Vermische alle Zutaten in einem Entsafter oder in einer Küchenmaschine bei hoher Geschwindigkeit. Genieße anschließend einen leckeren Shake.**

### Zutaten:

- 1/2 Tasse Vanille-Mandel-Milch
- 1/2 Tasse Wasser
- 1/2 Banane
- Prise Zimt
- 1 Kelle Vanilleprotein-Pulver

**Nährwertangaben:**

- Kalorien:350

- Proteine: 43g

- Kohlenhydrates: 25g

- Fette: 5g

## Tag 47

### Frühstück: Dunkler-Hafer-Power-Shake

### Muskelaufbau-Shake

Die Kombination aus dunkler Schokolade, Ziegenkäse und Haferflocken wird deine Muskelentwicklung beschleunigen und dir einen Energieschub verleihen, nach dem du im Fitnessstudio verlangst. Außerdem verbessert er deine Verdauung und stärkt dein Herz.

### Zubereitung:

**Vermische alle Zutaten in einem Entsafter oder in einer Küchenmaschine bei hoher Geschwindigkeit. Genieße anschließend einen leckeren Shake.**

### Zutaten:

- 1/2 Tasse Ziegenkäse (oder 1 Tasse Griechischer Joghurt)
- 1/2 - 1 Tasse Wasser (abhängig von der gewünschten Dicke) oder Milch
- 10g dunkle Schokolade
- ½ Tasse rohe Haferflocken

- 1/2 Banane

- 1 Kelle Molkenprotein-Pulver

**Nährwertangaben:**

- Kalorien:150

- Proteine: 40g

- Kohlenhydrate: 20g

- Fette: 8g

# Tag 48

### Frühstück: Milch-Protein-Shake

### Muskelaufbau-Shake

Um deine Muskelmasse zu gewinnen und zu bewahren, musst du deinen Kohlenhydrate und Proteine erhöhen, so dass dir genug Energie zur Verfügung steht, um hart zu arbeiten. Die Zutaten erlauben es deinen Muskeln, sich voll zu entwickeln.

### Zubereitung:

**Vermische alle Zutaten in einem Entsafter oder in einer Küchenmaschine bei hoher Geschwindigkeit. Genieße anschließend einen leckeren Shake.**

### Zutaten:

- 1 Kelle Molkenprotein-Pulver
- 1/2 Banane
- 1/2 Tasse Mandelstücke
- 235 ml Milch
- 3 Eiswürfel

**Nährwertangabe:**

- Kalorien:335

- Proteine: 31g

- Kohlenhydrate: 25g

- Fette: 18g

# Tag 49

## Frühstück: Avocado-Shake

### Muskelaufbau-Shake

Protein-Shakes mit Gemüse sind ungewöhnlich, aber sie sollten normaler werden aufgrund des Mehrwertes, den sie für deine Ernährung und deinen Körper haben. Avocado wird von einigen als "Superfrucht" angesehen und tut deinem Körper gut.

### Zubereitung:

Vermische alle Zutaten in einem Entsafter oder in einer Küchenmaschine bei hoher Geschwindigkeit. Genieße anschließend einen leckeren Shake.

### Zutaten:

- 1/2 Avocado
- 1 Esslöffel zerstückelte Kokosnuss
- 1 Tasse Mandelmilch
- 1 Kelle Molkenprotein-Pulver

### Nährwertangabe:

- Kalorien:300

- Proteine: 35g
- Kohlenhydrate: 20g
- Fette: 8g

# Tag 50

## Frühstück: Beeren-Shake

## Muskelaufbau-Shake

Eine komplette Kombination aus Beeren und Proteinen um das Muskelwachstum zu fördern und zu bewahren – alles mit einem Shake. Der Geschmack ist göttlich und die Ergebnisse noch besser, wenn du hart trainieren musst und Resultate sehen willst.

## Zubereitung:

**Vermische alle Zutaten in einem Entsafter oder in einer Küchenmaschine bei hoher Geschwindigkeit. Genieße anschließend einen leckeren Shake.**

## Zutaten:

- ½ Tasse Erdbeeren
- ¼ Tasse gemischter Beeren (Himbeeren, Heidelbeeren und Brombeeren)
- ¼ Tasse Bio-Granatapfelsaft
- ¼ Tasse Bio-Traubensaft

- Eine Hand voll geschnittener Mandeln zum Garnieren

- 1 Kelle Molkenprotein-Pulver

**Nährwertangaben:**

- Kalorien:200

- Proteine: 31g

- Kohlenhydrate: 19g

- Fette: 1g

## ANDERE GROSSARTIGE WERKE DES AUTORS

Fortgeschrittenes Training zur mentalen Stärke für Gewichtheber:

Verwende Visualisierungen um dein wahres Potential auszuschöpfen

Von

Joseph Correa

Zertifizierter Meditationslehrer


Steigere deine mentale Stärke im Bodybuilding durch Meditation:

Erreiche dein Potential durch Gedankenkontrolle

Von

Joseph Correa

Zertifizierter Meditationslehrer

www.ingramcontent.com/pod-product-compliance
Lightning Source LLC
Chambersburg PA
CBHW070136080526
44586CB00015B/1712